丹稜擷贝

——京西出土文物品鉴

焦晋林 著

學苑出版社

图书在版编目（CIP）数据

丹棱撷贝:京西出土文物品鉴 / 焦晋林著. -北京:学苑出版社，2010.1
ISBN 978-7-5077-3460-7

Ⅰ. ①丹… Ⅱ. ①焦… Ⅲ. ①出土文物－鉴赏－北京市 Ⅳ. ①K872.1

中国版本图书馆CIP数据核字（2009）第240397号

出 版 人：孟　白
责任编辑：潘占伟
装帧设计：徐道会
出版发行：学苑出版社
社　　址：北京市丰台区南方庄2号院1号楼
邮政编码：100079
网　　址：www.book001.com
电子信箱：xueyuan@public.bta.net.cn
销售电话：010-67675512　67678944　67601101（邮购）
经　　销：新华书店
印 刷 厂：河北保定华升印刷有限公司
开本尺寸：720×960　1/16
印　　张：17.5
字　　数：284千字
印　　数：3000册
版　　次：2010年1月北京第1版
印　　次：2010年1月北京第1次印刷
定　　价：39.00元

三国　釉陶仓

三国　釉陶灶

唐　王公淑墓牡丹芦雁图壁画

唐　飞鸟衔绶纹葵花镜

北宋 “大晟”纽钟

北宋 钧窑天青色釉折沿盘

北宋　钧窑天青色釉玉壶春瓶

金　白釉印花鸳鸯荷莲纹菊瓣盘

金　磁州窑白地黑彩婴戏图枕

明 “天启通宝”金钱

明万历 錾花鎏金银盘

明嘉靖　青花岁寒三友图罐

清乾隆　青花太平有象尊

清　翡翠鼻烟壶

清乾隆　“事事如意”玉摆件

序

我和焦晋林相识已有十多年，缘分来自于王宁先生。那时王宁先生担任海淀区文物管理所所长，小焦是他新来的同事。由于我常去文管所，自然就结识了小焦。小焦毕业于考古专业，工作中总是虚心好学，勤于请教，并有埋头苦干的精神。他在工作之余笔耕不辍，经过多年钻研，终于有了这部著述的面世。

这本书可以说是海淀区文物管理所多年考古工作成果的一个集结，书中介绍的珍品大多是海淀区文物管理所同仁们在二十多年的时间里一点一滴收集来的，凝聚了一代又一代文物工作者的心血。如今，它们已经成为海淀区博物馆的珍藏品，面向公众展示。

在这些文物中，有的是我亲手发掘的，有的是我亲自征集回来的，看到它们总有一种亲切感。这里的每一件文物背后，都有它自己的故事。

京西八里庄出土的唐代壁画是这些文物中最令人难忘的，看到它就会想起一年前突然病逝的王宁先生。王宁先生是1980年调入海淀区文物管理所的，他在文物鉴别方面有很深的造诣。1991年八里庄昆玉河西出土了一座唐代砖室墓，墓早年已经被盗，出土时拱券墓顶已经塌毁，墓中的彩绘壁画却大半保留下来。王宁先生见到墓中的壁画，马上意识到它在美术史和考古学上的重要价值，决心把它保留下来。

他在经费很少的情况下，带领全所人员一起动手进行发掘。他请来社科院考古所揭壁画的专家，指导壁画的揭取。我也赶去凑热闹，帮他们测绘墓室，给棺床上的精美砖雕编号，又骑自行车到右安门内帮他们买来揭取壁画用的溶剂。那幅壁画是画在砖墙白灰皮上的，白灰与砖粘得很紧，王宁先生他们和考古所的专家费了很大力气，前前后后折腾40余日，克服重重困难，才把壁画完整地保留下来。这是北京市第一次成功地保留下一幅唐代壁画，它的成功与王宁先生的远见和坚持是分不开的。没有王宁先生，这幅壁画就不会保留到今天。现在这幅壁画已经成为海淀区博物馆的镇馆之宝，在北京市也是难得的珍品。

瓷器是海淀出土文物中的强项，各区县博物馆的馆藏没有能与之匹敌者，它也是海淀区博物馆引以为荣的收藏种类。西山沿山一带是金代望族墓葬选址的重要区域，书中介绍的定窑瓷器中有几件就出土于西山脚下的南辛庄。1982年，海淀区文物管理所的第一任老所长焦雄先生在四季青乡南辛庄普查文物时，发现一户农家的窗台上放着几件刻花的定窑瓷器。据说它们曾被用来放耗子药。他询问得知，抗日战争时期曾有日本侵略军驻扎在这里。1945年，为防美军轰炸，日军曾在这户农家院子里挖掘防空洞。战后，农民在防空洞中的一块石板下发现一些瓷器，有盘、碗和水注，石板上还刻有文字。农民把石板放在院子里，瓷器拿来使用。石板是一方墓志，经过几十年的风雨，一些字迹已经漫漶。文管所收回了这些文物，还奖励给那个农民60元钱。1985年，那个农民在院内挖渗水井时挖到一座金代石椁墓，立即通知了文物管理所。墓是我指挥发掘的，为了打开厚重的石椁盖，动员了七个老农，大家一起动手才得以成功。墓室内首先发现的是靠近墓顶的磁州窑绿釉刻花如意头形枕，瓷枕翻扣着。石椁内有一副木棺，已经朽烂。石椁与木棺之间放着一组定窑瓷器，共有20多件。当我挖到这组瓷器时，发现竟有一根粗铁丝从石椁的缝隙中穿入墓内，将一只瓷碗口沿顶破了。从铁丝的锈蚀情况看，应该有几十年的时间了，而伸进铁丝的石椁壁旁就是当年日军挖的防空洞。那时这座墓已经被发现，不知何人用铁丝向墓内试探，所幸没有将墓挖开。

在诸多出土瓷器中，明成化青花携琴访友图罐是最引人注目的。它1985年出土于魏公村的中央气象局工地。20世纪80年代，中央气象局兴建卫星大楼，在大楼旁边的辅助工程中多次发现明代墓葬。气象局保卫干部老刘是一位热心人，每当发现文物后，他都主动向海淀区文物管理所报告，他也因此成为海淀区文物保护积极分子，受到区政府的表扬。这年春天，工地发现了一座明代太监墓，出土了一具木棺和一合墓志，墓志中还夹了成串盘绕的明钱。从墓志知道，墓主人是一个80多岁的老太监，死于正德年间。过了几天，老刘又报告在墓前面的土中出土了一只青花瓷罐，我于是再次来到工地。罐子已经破了，工人挖土时一镐下去，正好打在罐子上。老刘发现后，非常仔细地把每一块瓷片都捡起来，放在一起。我把瓷罐拿回文管所，王宁先生看后很高兴，他说这是明代成化青花罐。常言说成化无大器，这样大的青花罐，做工如此精美，有可能是官窑所烧，十分难得。为防止瓷片丢失，我赶快找来502胶水把它粘了起来，可惜还是有一小片碎块没有粘上，只好放在罐子里。几年后再看到那只罐子时才知道，那一小块没有粘上的瓷片已经不知去向。尽管有残，它仍然是海淀区博物馆瓷器中难得的精品。

海淀区地处北京西北近郊，过去是达官贵人们墓葬选址的首选地之一，有大量清代墓葬。清人喜好翡翠，朝珠、翎管、烟袋嘴、手镯、扳指、鼻烟壶等常用翠制作。大约在1987年，学院路附近的一处工地发现了一座清代墓葬。有人报告，墓中出土的东西被工人拿走了，我于是前往处理此事。一走进工棚，我就看见窗台上放着的杂物中有一个翡翠鼻烟壶。走近了，还看到几颗珠子。一问才知道，那些东西正是墓中出土的。那时文物知识还不普及，施工人员中没有多少人认识翡翠。墓葬被发现后，金器往往被哄抢，而翠件有时被扔在一边。此次施工人员也没有在意翡翠鼻烟壶，只把它当成无用的绿玻璃瓶，随手扔在工棚外面的窗台上，这也使翡翠鼻烟壶躲过一劫。这个翡翠鼻烟壶的盖紧紧地粘附在壶口上，为了保持原状，我们都舍不得打开它，就这样一直保持到今天。

青铜器是海淀文物的弱项，在出土文物中不但先秦青铜器凤毛麟角，就是秦代以后的青铜器也比较少见，“大晟”编钟无疑是其中十分难得的一件珍品。1986年，西山林场在香山南面的万安山南坡（今金山陵园南）修筑消防车道。一天，正下着小雨，推土机推到一处寺庙遗址时，忽然从推土机铲下滚出一个泥球。工人觉得奇怪，搬起一看，里面竟然裹着一只铜钟。他们把钟放进一个黄绿色的旧军用帆布包，匆匆赶往琉璃厂。就在他们一只脚迈进文物商店大门的瞬间，背包带突然崩断，钟重重地摔在石阶上，钟口破碎了。文物商店的工作人员觉得送钟者可疑，一番盘问，方知铜钟出土于海淀区。他们马上把钟扣下，给海淀区文物管理所打来电话。王宁先生处理了此事，他给卖钟人讲解文物保护法的有关规定，说服二人把文物捐献给国家，并给了他们100元的奖金。

海淀区在2000多年前是燕都蓟城的北郊，800多年前是金中都的近郊，元代以来一直是都城的西北郊。2000多年间，不知有多少达官贵人、王室皇族把墓葬建在这里，使它成为地下文物的宝库。自从30年前海淀区文物管理所成立以后，海淀的文物工作者就有一个强烈的愿望，在发掘这座宝库时，一定要把文物留在海淀区，以便建立海淀区博物馆。为了这个目标，海淀文物工作者做了大量工作，其中特别值得怀念的就是王宁先生，书中所述文物大多是经他手或他任所长期间收集起来的。小焦和他的前辈文物工作者一样，也为此付出了很多精力，参与过其中部分文物的考古发掘。正是有了几代人的不懈努力，才有了海淀区博物馆的丰富收藏。在此基础上，加以小焦的勤奋，终于使我们见到这部图文并茂的著述。

小焦的著述没有停留在文物本身的介绍上，而是由一个个具体文物引申开来，讲述与其相关的背景知识，使读者在欣赏文物之余，还能增长知识，了解文物的文化内涵。寓知识于欣赏之中是本书的一个特点，相信通过小焦深入浅出的介绍，可以使读者获得更多的收益。

岳升阳

2009年11月13日于北京大学

目 录

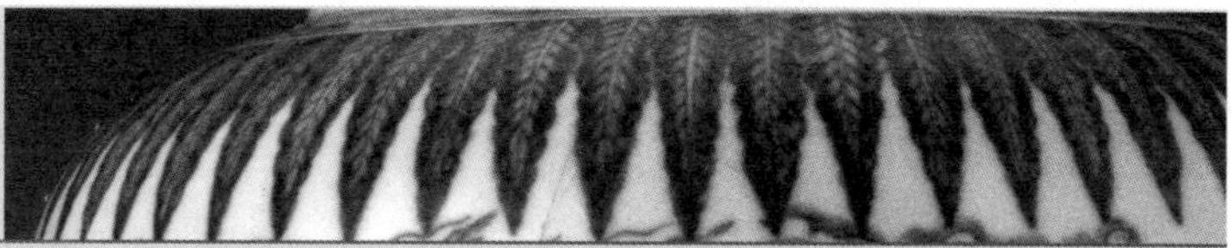

前 言

京西海淀，山清水秀，气候宜人，历史悠久。早在新石器时代中、晚期，中关村、白家疃、清河、田村等地就已经有人类从事着农业、渔猎等生产活动。战国时期，这里已经有了比较大型的聚落，清河朱房村一带至今还保留着战国至两汉时期的城郭遗址，而城郭遗址西侧的上地开发区则集中分布着数以千计的汉代墓葬，万泉庄、苏家坨、西玉河等地也曾发现过许多汉代墓葬和陶井。这些相对集中的文化遗存说明，当时这里的经济、社会发展规模已经达到了相当高的水平。三国曹魏时期开凿的戾陵遏和车箱渠，为高梁河提供了充沛的水源，灌溉着古老永定河冲积扇上的大片农田。此后几百年，通过陆续对高梁河等水系的疏浚和整治，最终使这里成为北京地区重要的农耕经济区，也为后来京西稻享誉京城创造了良好条件。唐中宗神龙元年（705年），在清水店（今太舟坞）设立带州及孤竹县治所，这也是历史上在今海淀区辖域内设立县级行政机构的开始。

1153年，金海陵王完颜亮定鼎中都，拉开了北京城作为全国政治中心的序幕。此后从元大都到明京师，再到清北京城，北京的政治、经济、文化地位不断加强。与此同时，地处京城西郊的今海淀区辖域在政治、文化活动中的地位也日益上升。一方面，凭借着优越的自然地理环境，兴建了大批皇家园林、行宫和宗教寺观，从金代的“西山八水院”，到元代的“丹稜沜”；从明代的“清华园”、“勺园”，再到清代的“三山五园”，一卷充满中国传统文化内涵的园林发展史在这里清晰地呈现并保存下来。另一方面，作为农耕文化与北方草原游牧文化交流的重要通道，海淀镇、清河镇相继成为不同时期南北大通道上的重要交通枢纽，各种文化在这里交流、冲突、融合，共同促进了当地经济、社会的不断发展。

历史远去的车轮余音绕耳，淳朴的海淀先民带走了喧嚣的古道繁华，留下了尘封的沧桑史卷。几千年的厚重历史，沉积了丰富的地下文化遗存。在海淀行政区设立以来的几十年间，这片文化沃土上的重大考古发现层出不穷，出土了为数众多的历史文物。

1951年8月，董四墓村发现了两座明代妃嫔墓，由安志敏、石兴邦、王仲殊等著名考古学家组成的中科院考古所发掘团对其进行了清理发掘，出土了石刻、玉器、金银器、瓷器等文物，这也是对金山地区明代皇家陵寝区进行的首次科学考古发掘。1962年7月，小西天地区发现了一处清代墓葬群，其中一号墓的墓主人是清代康熙初年辅政大臣索尼的孙女黑舍里，墓葬保存完整，出土了众多精品玉器、瓷器、金银器和墓志等珍贵文物。1977年10月，北京市文物管理处对位于八里庄的明代万历皇帝朱翊钧的外祖父、武清侯李伟夫妇合葬墓进行了发掘，出土有金银器、玉器、墓志等文物。改革开放以后，随着基础建设规模的扩大，在基建工程中发现的墓葬、建筑遗迹、窖藏等古代文化遗存的数量迅速增加，出土文物也更趋丰富，为今天我们认识和研究海淀区乃至北京地区历史发展的脉络提供了不可或缺的实物资料。目前，这些出土文物分别收藏在北京大学、北京市文物研究所、首都博物馆、北京石刻艺术博物馆、海淀区博物馆等单位。

纵观海淀区几十年来的出土文物，大致可以归纳出以下三方面特点：

第一，年代序列清晰，有些文物还弥补了北京地区个别历史时期考古资料的缺环。海淀区出土文物的年代上起新石器时代中晚期，跨越战国、汉、三国、唐、宋、辽、金、元、明、清多个历史时期。其中，1987年八里庄发现的一座双室砖室墓出土了一件刻有“正始五年”纪年的铜弩机，这是迄今所见的北京地区唯一具有三国时期明确纪年的墓葬资料。另外，该墓还出土了一批反映墓主人日常生产、生活的低温釉陶器。无论是从器物组合关系还是从器物造型、制作工艺方面来看，它们都与1989年北京市怀柔县庙城镇桃山砖厂东汉墓出土的釉陶器有非常明显的传承关系，为研究三国时期北京地区的经济和社会状况提供了直观而又生动的第一手资料。

第二，器物类型丰富，个别器物堪称同类器物的标准器。海淀区出土文物的种类包括瓷器、玉器、金银器、青铜器、石刻、铁器等，其中又以瓷器最具代表性。1987年中国林科院出土的三件北宋钧窑瓷器，其器形、胎釉、烧制工艺均反映出早期钧窑的特征，为同类器物的甄别提供了参考标准。1985年中央气象局院内出土的一件明成化青花高士图罐，造型丰满硕大、釉色洁白莹润、装饰题材高雅、青花色泽清艳，实为成化青花瓷中难得一见的精品之作。

第三，地域特征明显，蕴含着丰富的历史文化气息。1997年北京大学理科楼群工地发现一处距今五六千年的新石器时代晚期遗址，出土了一批石器和陶器残片。其中一件形状既像石镰又类似砍刀的石器，在以往的考古报告中未曾见有介绍，其用途至今尚无法确定。因其明显不具有实用性，似乎仅作为象征权力的权杖使用，这不禁让我们有理由认为当时这里的氏族内部分工已经很细化，并且可能已出现了专门执掌氏族内部权力的贵族阶层。明代是我国历史上宦官专权的朝代之一，今海淀区和石景山区分布着大量的明代太监所建的寺庙、道观和为数众多的墓葬，出土了许多墓志和玉带板等具有重要历史信息的文物，这些墓志记录着明代成化至明代末期太监制度的发展和变迁，是研究中国宦官制度史的重要实物资料。

毋庸置疑，出土文物是了解和研究历史的重要依据，不过就普通读者而言，仅凭好奇心的驱使显然无法真正走进出土文物的内在世界。如何把这些出土文物所蕴含的丰富文化信息揭示出来，并以适当的方式将其普及到普通读者之中，是文博工作者所面临的一道科普习题，而《丹稜撷贝——京西出土文物品鉴》一书就是为解答这道习题所作的一次尝试。本书在总结出土文物的个体特征基础上，运用考古类型学的分析方法，结合历史学、地方志、民俗学相关知识，试图将艰涩刻板的考古资料变成通俗易懂的语言，和读者一起深入剖析每件出土文物所蕴含的文化信息，最终完成兼具知识性和趣味性的文物鉴赏过程。

文物鉴赏，顾名思义应该包括鉴定和欣赏两方面内容。无论是鉴定还是欣赏，都离不开对文物所蕴含的文化信息的分析和解读。从博物馆业务工作中的文物研究理念出发，这些信息大致可以划分为结构性信息、功能性信息、联系性信息和记录性信息。结构性信息是指文物的造型、装饰等物理属性；功能性信息是指文物的功能和用途；联系性信息是指与文物有关的人和事；记录性信息是指文物所反映的某一历史时期的时代特征，以及不同历史时期之间的传承与发展关系。本书即在介绍具体文物的结构性信息基础上，进一步对其所蕴含的功能性信息、联系性信息和记录性信息加以综合分析和解读。

限于海淀区出土的为数众多的文物分别收藏于不同的文物收藏单位，笔者仅从中挑选出具有代表性的三百多件（套），将其细分为瓷器、玉器、金银器、青铜器、墓志、其他共六类，并分别纳入五十篇独立的文章中加以介绍。根据具体文物的不同特点，文章体例也相应分为两种：一是针对特点鲜明的单件文物，以着重分析该文物的文化信息为主，兼及介绍与之在某一方面有类似特征的其他文物；二是针对有共性的成组文物，着重分析它们所具有的整体特征，并尝试对其中所包含的规律性信息进行探讨。同时，本书选配了一百多幅文物图片，以增强读者对相关文物信息的感性认识。

另一方面，就本书所包含的文物种类和数量而言，大致反映了海淀区几十年来出土文物的概貌，其中许多资料均为首次发表，同时还加入了笔者从地方志视角所作的较为深入的分析，因此，也希望能对专业人士有某些可资参考之处。

元代以来，京西海淀素有“丹稜沜”的美誉，本书借以“丹稜撷贝”名之，不敢奢求攀附古人的笔墨意境，唯愿不至贻笑大方。

少年不知勤学早，今朝方悔读书迟。笔者自知才疏学浅，错误之处在所难免，敬请读者批评指正。

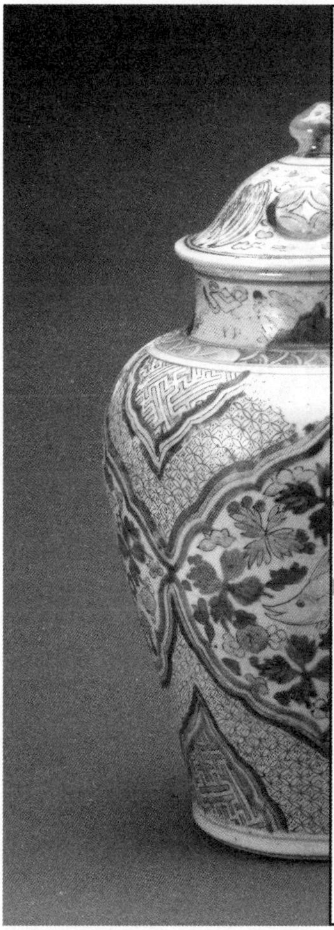

瓷器

唐

邢窑白釉碗

唐代邢窑白釉碗1988年出土于清华大学校内，现藏于北京市海淀区博物馆。碗高4.3厘米，口径15.7厘米，足径6.6厘米。敞口，口沿卷唇外折，曲腹较浅，浅圈足，足脊宽平，形似玉璧。胎体较厚，圈足露胎，留有旋削痕。器身施乳白色釉，釉层较厚，素面无纹饰。（图一）

唐代邢窑中心窑址的准确位置现在还没有确定。20世纪80年代以来，文物工作者根据历史文献记载对邢窑窑址进行了广泛的调查，在太行山东麓的今河北省邢台市内丘、临城一带约300平方公里的范围内发现了大量邢窑遗址，其中以内丘县城关一带的白瓷窑最为集中，产品质量也最高，但其是否为邢窑中心窑址还有待进一步考证。

邢窑创烧于初唐时期，盛烧于盛唐，五代以后逐渐没落，宋以后定窑代之而兴起。唐代邢窑产品以白瓷为主，也兼烧青、黑、黄釉瓷，是继北朝白瓷成功烧制后，在隋代白瓷基础上的进一步发展。唐代，邢窑白瓷的烧制真正进入了成熟期，并进而影响到了山西平定窑、河北定窑等窑口，也为宋以后定窑系白瓷的形成和繁荣打下了坚实的基础。

邢窑瓷器品种以日常用具为主，有碗、盘、瓶、壶、罐等，产品质量有精粗之分，以粗白瓷数量居多，其中又以白釉碗最具代表性。邢窑白釉碗的特点表现在以下几方面：①胎质色白纯洁，致密坚硬，从底足露胎处可见胎土中杂质很少，淘炼与前代相比要精细许多，这是制作白瓷非常重要的条件。胎体比较厚重，胎与釉之间有一层护胎釉。器物施釉很厚，釉色呈乳白色，莹润而有光泽，胎釉组合使人有一种浑厚凝重的感觉。②白釉碗造型多在口沿外缘凸起一道唇边，唇边较厚，线条圆润。碗底为宽而浅的圈足，圈足一般都很宽平，形似玉璧。因此，一般将邢窑白釉碗的造型特点概括为“玉璧底”、“大卷唇”。（图二）③装饰风格以素面为主，完全靠胎釉和器物造型取胜，体现了质朴素净的美感。清华大学出土的这件白釉碗采用轮制工艺，口沿隆起一道唇边，底足旋削规整，形似玉璧，釉色白皙素雅，集中体现了上述特征。

在唐代，文人士大夫中间的清谈饮茶之风很盛，各种茶具也顺势流行起来，其中又以南方越窑青瓷和北方邢窑白瓷茶具最受推崇，素有“南青北白”的说法，而邢窑白釉碗即为当时用于“斗茶”的茶具。不过在崇玉审美倾向的影响下，这种

图一

图二

白瓷茶具主要是被普通百姓所使用，而以越窑为代表的青瓷在上层社会中则更受欢迎。陆羽在他所著的《茶经》里对茶具给出了这样的排行：“瓷碗，越州上，鼎州次，婺州次，寿州次，岳州洪州次”，可见其对青瓷的推崇程度。关于邢窑与越窑的对比，他这样评价：“或者以邢州处越州上，殊为不然。邢瓷类银，越瓷类玉，邢不如越一也。邢瓷类雪，越瓷类冰，邢不如越二也。邢瓷白而茶色丹，越瓷青而茶色绿，邢不如越三也……越州瓷、岳州瓷皆青，青则益茶，茶作白红之色。邢州瓷白，茶色红”。在以陆羽为代表的士大夫阶层中，邢瓷显然不如越瓷更能代表类玉、类冰的君子风范。陕西法门寺地宫出土的秘色瓷代表了当时越窑青瓷的最高水平。陈列在法门寺博物馆里的这些秘色瓷造型大方，釉色纯正，一眼望去似有满碗清水，而这其实仅是青瓷所产生的仿玉效果而已。这么珍贵的瓷器存放于法门寺地宫，也进一步说明唐代上层人士对青瓷的钟爱远胜于白瓷。邢窑白瓷虽然不如越窑青瓷那样“如玉类冰”，但在当时的普及程度却比越窑青瓷要广泛许多。李肇著《国史补》记载：“内丘白瓷瓯，端溪紫石砚，天下无贵贱通用之。” 瓯即为碗，在今天晋南地区人们还习惯将碗叫做瓯。可见，与青瓷的高贵相比，物美价廉的邢窑白瓷更容易让普通消费者所接受。

邢窑白釉碗除用于茶具外，也被当做乐器使用，并且在这一领域也经常与越窑青瓷一起被提及。唐代段安节所著的《乐府杂录》就曾有大中年间音律官郭道源“善击瓯，率以越瓯、邢瓯共十二只，旋加减水于其中，以箸击之，其音妙于方响”的记载。

这件邢窑白釉碗出土于以“厚德载物”为校训的清华校园，是历史与现代共鸣的巧合，还是传统与创造的机缘呢?

宋

钧窑天青色釉折沿盘

图一

北宋钧窑天青色釉折沿盘1987年出土于北京市海淀区向阳村林业研究所院内，现藏于北京市海淀区博物馆。盘高2.4厘米，口径18.6厘米，足径12.1厘米。器形为平折沿，沿边有凸缘，浅腹，腹壁斜直，矮圈足，足底有五枚分布均匀的支钉痕，支钉痕较大，器形规整精细，大方简洁。赭褐色胎，胎质较粗松。天青色釉，素面无纹饰，在沿边的凸缘和沿、腹折角处因釉薄而呈褐黄色。（图一）

钧窑是宋代的五大名窑之一，与汝窑、定窑、官窑、哥窑并列。考古资料显示，钧窑窑址大致位于今河南省禹州市境内，因禹州在宋代时称为“钧州”，窑以地名，遂称钧窑。钧瓷属于北方青瓷系列，其含铜的蓝色乳浊釉被后来的许多窑口所仿烧，并于金、元时期形成钧窑系，影响范围遍及今河南、河北、山西、广西等地。根据考古发掘资料，禹州钧窑遗址发现的器物种类包括陈设器和生活用器，其中以陈设器为主，器形有花盆、盏托、洗、炉、钵等。钧瓷所用原料为当地瓷土，胎质一般比较疏松，且颜色较深。为了掩盖瓷胎的瑕疵，一般在器物里外满施以铜为着色剂的乳浊釉，这种釉后来则被通称为钧釉。有时在施釉晾坯时因干燥不当，会使釉层产生裂痕，烧制过程中融化的釉渗入裂痕，形成弯曲的蚯蚓走泥纹。一般来说，宋代钧釉的基本颜色是以各种浓淡不一的蓝色为主，较深的称为天蓝，较淡的称为天青，更淡的称为月白。古代文献在总结钧釉的颜色区别时，根据釉色的不同变化和绚丽色彩，将其分为朱砂红、玫瑰紫、葱翠青、天青色、月白等多种。钧窑瓷器表面一般素面无装饰，以规矩的器形和变化莫测的釉色取胜。事实上，同属宋代青瓷系列的官窑如汝窑、官窑、哥窑，也都是利用胎釉的结合和变化来装饰器物的，这种工艺风格的流行也反映了当时以皇室和士大夫阶层为代表的主流文化的审美观和价值取向。

该盘盘心底部有轻微塌底现象，说明器物胎体较软。盘口折沿处有一圈凸缘，这一方面增加了器物的节奏感，另一方面也提高了器物的强度，体现了实用性与装饰美的巧妙结合。在古代瓷器作坊中，圆器拉坯时，如果器物要折出平沿是一件不太容易的事，但若在器物折沿边上折出一道棱线，则更容易把握器物的成型。这种做法大约在北宋后期就已经流行了，元代时应用更加普遍，甚至成了元代同类瓷器的典型风格之一。该盘内外满施天青色乳浊釉，釉层厚薄稍欠均匀，在棱角处因釉薄露出赭褐色胎骨，形成一道道有节奏的弦纹，在素净的釉面上利用胎釉的变化使器物在崇尚自然的朴素风格中彰显出创作的灵感和韵味。器物底部圈足内有五个明显支钉痕，支钉较大，分布均匀，这是因为采用裹足支烧工艺的缘故。（图二）裹足支烧是在器物底部支以细小的用瓷土制成的支钉来入窑烧制，其优点是可以避免器物圈足的釉被破坏，在釉彩装饰上保证整体的完整性。北宋时期的汝窑、磁州窑以及南宋初的官窑都盛行这种支烧工艺，此后随着烧造工艺的多样化，这种裹足支烧工艺在元、明、清时期已经退居次要地位，一般仅在仿制宋代瓷器时采用。

图二

宋

钧窑天青色釉玉壶春瓶

北宋钧窑天青色釉玉壶春瓶1987年出土于北京市海淀区向阳村林业研究所院内，现藏于北京市海淀区博物馆。瓶高28.8厘米，口径5厘米，足径7厘米。喇叭形敞口，细长颈，颈根部内束，溜肩，垂腹呈胆形，圈足。胎质较粗松，呈赭褐色。器身满施天青色釉，釉面布满深浅不一的细小开片纹。

玉壶春瓶是北宋时期创烧的瓷器种类，器形一般为撇口、细颈、垂腹、圈足，北方许多窑口都有烧制。元代时，这种器形传到南方，开始在南方的许多窑口烧制，明、清以后更为流行。玉壶春瓶的造型特点从宋代至清代大致经历了一个瓶颈与瓶身比例由大变小的过程。比如这件玉壶春瓶的颈部最细处大致位于整器的中部，而元代玉壶春瓶在器形整体趋于矮粗的基础上，颈部最细处明显上移，到了清代，颈部最细处已经大致位于整器的三分之一处了。

关于玉壶春瓶的起源，笔者认为似乎与唐、宋年间文人墨客所青睐的玉壶有关。在崇尚琴棋书画的古代上层社会，玉壶是一种用来把盏宴饮的盛酒器，用象征君子之德的玉壶盛以醇香浓郁的美酒应该是儒家的矜持与道家的逍遥在社交文化领域的完美融合。正因如此，古代文人墨客经常喜欢用玉壶来传达纯洁的亲情和友情。唐代诗人王昌龄在其《芙蓉楼送辛渐》一诗中，就把沁人心脾的绵绵亲情借用玉壶而表达得淋漓尽致：

寒雨连江夜入吴，平明送客楚山孤；

洛阳亲友如相问，一片冰心在玉壶。

李白更是把圣洁的玉壶与盎然的春意相结合，执玉壶、饮美酒、品春意更让他每每沉醉其中，真正是：

琴奏龙门之绿桐，玉壶美酒清若空。催弦拂柱与君饮，看朱成碧颜始红。胡姬貌如花，当垆笑春风。笑春风，舞罗衣，君今不醉将安归？

到了宋代，在文人墨客的渲染下，冰清玉洁的玉壶与生机盎然的春意成了对生活中儒道相融思想的文人化诠释，因此，盛酒的玉壶除了作为实用器外，也逐渐增加了陈设器的功能。正如宋代词人曹组的《临江仙》所云：

青琐窗深红兽暖，灯前共倒金尊。数枝梅浸玉壶春。雪明浑似晓，香重欲成云。户外马嘶催客起，席间欢意留人。从他微霰落纷纷。不妨吹酒面，归去醒馀醺。

玉壶虽然是文化韵味很浓的高级酒具，然而毕竟玉料稀少，价格昂贵，总不是普通人士日常消费的东西。于是，和瓷器烧制中追求“类银似玉”的初衷相一致，用瓷土烧制的“玉壶”也便应运而生了，并很快普及到了平民百姓的日常生活中。

唐代所使用的玉壶是否和宋以后玉壶春瓶的器形相一致呢？虽然这个问题还需要新的考古发现来解释，但至少在北宋晚期，玉壶春瓶就已经基本定型为我们所见到的样式了。考古出土的两宋、辽、金玉壶春瓶数量很少，根据研究者归纳，其大致可以分为两种器型：一种是类似于该器的长颈直敞口型。除了海淀区出土的这件外，以1969年出土于北京怀柔、现藏于首都博物馆的一件辽代临汝窑玉壶春瓶最为典型。第二种壶的腹部与第一种相类似，均为水滴形或称胆形，但口部明显外侈或外卷，代表器物有陕西铜川出土的耀州窑产品以及河南鹤壁集窑址出土的白地黑花玉壶春瓶等。[1]

1 秦大树、王晓军：《记一组早期钧窑瓷器及相关问题探讨》，载《文物》2000年第11期第87页。

金

定窑系瓷器

1985年4月，北京市海淀区南辛庄一户农民在院内挖渗水井时发现了一座土坑石椁墓，后经文物工作者清理，出土了大量文物，其中定窑系瓷器27件。此前，在抗日战争时期，侵华日军在该院内挖防空洞时也曾发现一座形制相同的石椁墓。日军破坏了墓室，并掠走了发现的文物。解放后，该墓又出土了一方墓志和9件瓷器。两座墓葬的清理简报发表于《文物》1988年第7期上，并将解放前墓葬编为M1，解放后墓葬编为M2。（图一）根据墓志，简报将两座墓的年代定为金代。这里将两座墓葬中定窑系瓷器的特点给予简单介绍，并对时代和窑口问题进行浅显分析。

图一

一、器物种类和特点

两座墓葬共出土有定窑系瓷器36件，包括碗6件、盘16件、盒4件、盆1件、小罐6件、注子2件、托盏1件。

碗的造型各不相同，根据碗足可以分为圈足碗和平底碗两种。圈足碗共4件，口有圆唇、尖唇之分，均为曲腹，圈足大小不一，其中稍大的三件有芒。其中一件六出花瓣口白釉碗最具特色，碗高4.8厘米，口径10.5厘米，碗口形状为六出花瓣形，尖唇曲腹，胎体较薄，线条优美。（图二）平底碗2件，一件呈尖唇曲腹，一件呈圆唇斜直腹，均为芒口，腹底相交处均有

图二

图三

一周内曲。

盘也有圈足和平底之分，其中圈足2件，平底14件。圈足盘均为尖唇、芒口，一件曲腹、一件折腹。平底盘造型比较丰富，口有平口和花口之分，腹有曲腹和斜直腹之别。其中有9件小盘造型完全一致，盘高0.8厘米，口径7.4厘米，芒口，浅腹，平底。（图三）

盒造型完全一致，仅大小略有差异，高2.8～3厘米，口径8.2～8.8厘米。两件带盖，盖为圆形略鼓，与盒呈子母口对接，盒身为折腹，矮圈足。另外两件盖已失。

盆高6.3厘米，口径24.4厘米。平折沿，斜直腹，腹底相交处有一周内曲，矮圈足。

小罐造型相同，直口，鼓腹，浅圈足。高5.9厘米，口径3.4厘米。3件有盖，盖中部内凹。（图四）

注子分为葫芦形注子和瓜棱形注子两种。葫芦形注子出土于M2，高15.6厘米，口径1.6厘米。蘑菇形盖，小口，葫芦形壶身，下腹部呈瓜棱形，短流，流口高度仅达壶身腹部，三棱形曲柄，圈足。（图五）瓜棱形注子出土于M1，高12厘米，口径2.5厘米。荷叶形盖，小口直颈，折肩，腹呈瓜棱形，短流，流口高度略低于肩部，三棱形曲柄，圈足。（图六）

托盏通高4.2厘米，盏口径6.1厘米。托中空，盏口微敛，曲腹，小圈足。（图七）

从整体来看，器物均为白胎，胎质略显疏松，大部分胎壁较薄，器物整体造型相对较小。器物成型采用了轮制、模印和捏塑等工艺，个别器物的成型水平很高，如六出花瓣形碗和白釉小罐。注子流口明显低于肩部，器壁很薄，制作粗率，实用

图四

图五

图六

图七

图八

图九

性很差，应为专门用来随葬的明器。小罐中的一件出土于M2中墓主人头部的梳妆盒内，推测应为梳妆用具。器物大部分为芒口，可见是采用了覆烧技术。

除托盏为黑褐釉外，其余器物均施以白釉，并且只有白釉盆在装饰化妆土后施釉，其余均为直接在胎上施釉。器物内外壁均施釉，外壁施釉不到底，足底露胎。白釉釉色大部分光洁素雅，瓜棱形注子釉料较灰暗，含有一些杂质，白釉盆釉面有细微开片。托、盏分别采用蘸釉法施以黑褐色釉，外壁施釉不到底，盏腹部以下及托足均露胎，黑白对比效果鲜明。

器物大部分为素面，个别采用刻花和印花工艺加以装饰。M1出土的白釉刻莲纹盘，高1.8厘米，口径11厘米，盘心刻双线折枝莲花纹图案，花瓣简洁舒展，刻工流畅，寥寥几笔间已将莲花的高洁气质展现了出来。（图八）同墓出土的一件白釉印花鸳鸯荷莲纹盘，高2厘米，口径11.4厘米，足径7.3厘米，盘口呈菊瓣形，芒口，曲腹，平底露胎，内底模印有鸳鸯荷莲纹图案，从上往下俯视内壁，器壁与盘心图案呈现出明显的浮雕效果。（图九）

二、器物的年代和窑口

根据墓志所提供的信息，清理简报将M1年代推定为“金贞元至正隆年间（1153~1160年）”，继而根据两墓之间的位置、墓葬形制、随葬瓷器之间的关系等信息将M2年代推定为“应与M1年代大体相同或稍早”。2008年北京市大兴区辽金时期净持院塔林地宫出土了一批白釉碗、白釉盘、黑褐釉托盏等定窑系瓷器，其中18号地宫出土有七件一组的白釉小盘和黑褐釉托盏，其器形、釉彩与海淀区南辛庄出土的同类器完全一致。（图十）其他地宫相同的器形还有白釉刻莲纹盘、白釉唇口曲腹平底碗等。可以肯定，两处出土的定窑系瓷器应该出自同一个窑口。大兴区塔林发掘简报根据经幢题记将年代定为辽道宗清宁六年（1060年），最晚年代为金海陵王贞元三年（1155年），与南辛庄金墓简报推论相吻合。

定窑系是两宋及辽、金时期我国北方重要的瓷窑体系，中心窑址位于今河北省曲阳县涧磁村，因宋代时曲阳属定州而得名，其影响范围包括今河北、山西等地的瓷窑。定窑创烧于唐，发展于北宋，并一直延续到元代。其代表性产品为白釉薄胎日用生活器皿，兼有少量黑釉、酱釉及其他品种。装饰方法采用刻花、划花、印花

图十（源自《北京市大兴区辽金时代塔林考古发掘概况》，载《北京文博》2009年第1期）

等，纹饰题材有莲瓣纹、鸳鸯纹、婴戏图等。由于采用了覆烧工艺，在提高产量的同时，也在器物口沿处形成无釉的芒口。南辛庄出土的这批瓷器在器形、装饰风格以及烧制工艺上都明显表现出定窑系瓷器的特点，当属定窑系产品无疑。不过这批瓷器具体来源于哪座窑口，则还不能确定。笔者认为其来源大致有如下三种可能：

一是来源于曲阳定窑。据考古资料显示，经过战乱的各地瓷窑最晚在金熙宗皇统年间就已经恢复了生产，作为传统白瓷重要产地的曲阳也不例外。女真人进入汉族地区后开始使用瓷器，并很快就对白瓷有了大量需求。1985年吉林省农安县一处金代窖藏曾出土过白釉瓷器37件，“胎质细白，釉调润泽，多呈乳白色，有的间存泪痕；制作规整精巧，采用了覆烧法。有芒口，露出一线瓷胎，可以判断这是一批金代定窑的产品”。[1] 可见当时定窑瓷器在千里之外的东北地区都已经普遍使用，而中都与定州距离更近，且中都是中原通往关外的必经中转站，定窑产品在今天的北京地区出土也就可以理解了。

二是来源于北京门头沟龙泉务窑。首先，辽宋之间的战争造成的曲阳等地人口迁徙和流动，直接带动了龙泉务窑制瓷工艺的发展，使龙泉务窑的许多产品带有定窑风格。20世纪90年代，北京市文物研究所对龙泉务窑址进行了考古发掘，出土了大量带有定窑风格的瓷器。考古报告将龙泉务窑的文化年代分为四期，其中，南辛庄M2出土的盆与三期文化Ⅳ型二式盆造型基本相同，而瓜棱形注子、小罐、唇口碗也能从三四期文化层出土的器物中找到灵感来源。另外，龙泉务窑是辽代燕京地区重要的瓷窑，其产品有精有粗，流通范围集中于燕京及周边地区。[2] 考古资料表明，燕京地区的辽代高级官吏墓葬中流行用龙泉务窑生产的精美白瓷随葬，比如2000年4月北京市丰台路口南辽李继成墓就曾出土过成组的龙泉务窑瓷器。[3] 南辛庄M1墓主人张□震为辽代降金的贵族，其完全有可能受到辽以来丧葬习惯的影响。需要特别注意的是，根据龙泉务窑址发掘报告，覆烧工艺并没有在这里被采用，芒口器物是缘于对口烧，这显然为南辛庄瓷器来源的判断提出了疑问。不过，此次发掘面积仅占窑址探明面积的20%，鉴于考古发现具有偶然性，我们不妨提出此种来源假设，以期望以后有更多考古资料来加以解答。

三是来源于北京周边地区尚未发现的定窑系瓷窑。除海淀区南辛庄金墓和大兴区塔林地基外，在通州区三间房金墓、丰台镇桥南墓等地都发现有定窑系瓷器出土。这些器物“胎壁很薄，造型优美，与曲阳定窑遗址出土的北宋白瓷的烧造水平不相上下，甚至在胎壁厚薄的掌握和釉色透明度等方面还要有所提高”。[4] 在范围相对较小、分布相对分散的区域内出土数量众多、工艺精细的瓷器，说明在北京周边地区非常有可能存在着具有较高水平的定窑系瓷窑。或许在不久的将来，随着考古发现的不断增多，这个谜团的真相会豁然呈现在我们面前。

1　李桂芝：《金朝生产的恢复与发展》，载“百度贴吧”之“金元文学研究吧”。

2　北京市文物研究所编：《北京龙泉务窑发掘报告》，文物出版社，2002年第1版。

3　王清林、王策、周宇：《丰台路口南出土辽墓清理简报》，载《北京文博》2002年第2期。

4　北京市海淀区文化文物局：《北京市海淀区南辛庄金墓清理简报》，载《文物》1988年第7期第56～66页。

金

绿釉划花瓷枕

金代绿釉划花瓷枕1985年出土于北京市海淀区南辛庄金代张萧之墓，现藏于北京市海淀区博物馆。枕为如意头形，形状规整，体形硕大，长43.5厘米，宽36.5厘米，高15.5厘米。胎土淘炼精细，不含杂质，胎质较疏松，胎色白中泛黄。除底部露胎外，其余部位均施以一层较薄的绿色铅釉，枕面饰划花折枝牡丹图案。枕后壁有孔，以防器物在装烧时变形。侧面釉层稍有脱落。（图一）

绿釉是以铜作为着色剂，以铅化合物为助熔剂的低温釉。汉代时就已经在釉陶器中大量使用，两宋、辽、金时在磁州窑系的窑场中应用得也比较广泛。这件瓷枕在施釉方法上采用了传统而古老的刷釉工艺，即用毛笔或刷子蘸取釉料涂在器物表面。瓷枕枕面施釉均匀，侧壁从上到下釉层渐薄，在枕面和侧壁折角处有积釉现象。从器物釉色和釉料堆积现象来看，这件瓷枕在釉色上与河南扒村窑出土的绿釉瓷片非常相近，为寻找这类瓷枕的烧制窑口提供了线索。受釉料烧成温度限制，这件瓷枕的焙烧温度较低，导致有胎体不坚硬、釉层脱落的现象发生。同时，与一般瓷枕相比，这件瓷枕器形明显偏大，从器物的整体风格分析，笔者认为这件瓷枕应是专门用于陪葬的明器。

在装饰手法上，该瓷枕运用了刻花和划花相结合的技法，先用侧锋斜刀在枕面刻出三条阴线形成开光轮廓，再用划花工艺装饰以折枝牡丹纹。牡丹花蕊饱满绽放，枝叶挺拔健硕，构图繁密而不凌乱。绿釉深入纹饰脉络，增加了釉层的厚度，使图案更加有层次。器物装饰刀法娴熟，题材充满了朴实、浑厚的民间审美气息。（图二）

瓷枕首见于隋代，到唐代开始发展，两宋、辽、金时期产品数量最多，制作也更精细。关于瓷枕的用途，早先有研究者认为是明器，仅用于陪葬。随着考古新成果的发现和多年来的研究发现，瓷枕除了作为明器使用外，主要是在日常生活中使用。

日常生活中的瓷枕主要用于三个方面，即寝具、新婚奁妆用品和医用臂榻。瓷枕作为寝具主要用于夏季，可以起到祛暑纳凉的功效。比如有的磁州窑瓷枕上就有“久夏天难暮，纱橱正午时；忘机堪昼寝，一枕最幽宜”的题记。瓷枕用于婚嫁的证据不仅见于史书记载，而且也有出土实物相印证。据《唐书 · 五行志》云：“韦后妹七姨嫁将军冯太和，为豹头枕以辟邪，白泽枕以辟魅，伏熊枕以宜男，亦服妖也。”民国时期，河北省巨鹿县曾出土过一批宋代瓷枕和瓷枕碎片，经推测出土

图一

图二

地点应为一家专门经营瓷器的商铺遗址。“其中一方瓷枕上还有‘崇宁二年新婚’的墨书铭款，足以证明这件瓷枕是当做婚嫁用具购置的。”[1] 除日常起居外，瓷枕还被用作医用器具，比如唐代的中医在诊疗把脉时就常使用瓷枕当臂榻。

1 秦大树：《尺方天地无限乾坤》，载林保照、孔超编著：《枕林寻梦 · 序》，上海书店出版社，2008年第1版。

金

磁州窑白地黑彩婴戏图枕

金代磁州窑白地黑彩婴戏图枕1998年7月出土于北京市海淀区香山东侧北京植物园内，现藏于北京市海淀区博物馆。瓷枕呈腰圆形，长25厘米，宽18.5厘米，高10厘米。枕面四边出沿，前低后高，四侧围以椭圆形枕壁，平底露胎，后壁有一小孔。除底面外，其他部位均施一层白色化妆土，并施透明薄釉。枕面纹饰最外侧为双弦纹，内有如意形开光，弦纹与开光之间绘以四组写意卷草纹。（图一）主题纹饰为一幅婴戏图案，图中儿童头结发髻，身着团花长衫，身后拉着一只四轮鸭形玩具木车，右手置于腰间揽绳，左手于左肩处挽结，长出的绳子于胸前自然垂下，画面左下方绘有一丛植物用以衬托环境，整体画面呈现出一派天真无邪的童趣。（图二）枕四壁绘一圈卷草纹。用笔简洁、娴熟，寥寥数笔就将浓厚的生活气息表现了出来。器底有“张家造”竖写楷书阳文戳记，戳记左、右、下方有双边框，边框上方罩一片荷叶。（图三）

图一

图二

出土瓷枕的墓葬位于北京植物园西侧的一处山坡上，墓室顶部距地表约2米，呈东南至西北走向，是一座带墓道的单室拱券形砖室墓。墓道位于墓室南侧，残存墓道为边长约1米的方形，底部铺有鹅卵石。封门墙用灰砖和碎砖块垒砌，墙面砌法不规则，但是很坚固。墓室呈长方形，墓室底部用长方形灰砖错缝平铺，墓顶起券。木棺葬具已朽，瓷枕即位于墓主人头部东北侧的木棺与墓壁之间的狭小空隙

图三

处。同时出土的还有“大定通宝”背“申”钱一枚，铜镜一件，铜发簪两件（残），头骨一具及棺钉若干。根据头骨判断，墓主人应为一名儿童，而瓷枕显然是墓主人身前日常起居使用之物。“大定通宝”背“申”钱铸于金大定二十八年（1188年），并广泛流行于金代后期。据此推测，墓葬年代大致为完颜亮定都中都后的金代中后期。

婴戏图作为瓷器装饰纹饰，最早见于唐代长沙窑釉下彩瓷器。到宋代，各地窑场在瓷器上装饰婴戏图的现象已经非常普遍，其中以磁州窑在表现力上最具特色。磁州窑婴戏图题材有婴戏花、婴戏鸭、婴戏球、抽陀螺、骑竹马、蹴鞠等，这件瓷枕主题纹饰大约是从婴戏鸭题材发展而来。故宫博物院收藏的一件磁州窑白地黑花婴戏图瓷枕，除主题纹饰为婴戏鸟图案，体积比海淀区出土的这件略大外，两者造型、辅助纹饰、戳记和绘画风格等特征几乎完全一致。[1]

两宋时期，随着商业的繁荣和海外贸易的增多，瓷器的市场需求比较旺盛，各大瓷窑无论在生产工艺还是产品数量上都获得了长足发展，同时也促进了窑场之间的激烈竞争。为了扩大商品宣传和减少假冒产品的影响，各地窑场纷纷在瓷器上戳印款铭，以利消费者甄别，这种款铭在以后的陶瓷鉴赏中被特别称为“陶人款”。磁州窑、吉州窑、景德镇窑、德化窑等窑场生产的瓷器多带有款铭，其中又以磁州窑系瓷枕款铭最为突出。磁州窑系瓷枕常见的款铭包括“张家造”、“张家枕”、“刘家造”、“王家造”、“赵家造”等，以“张家造”和“张家枕”最为多见，“刘家造”、“王家造”次之，而“赵家造”则非常少见。就“张家造”款而言，除了单独用制造者名称作为款铭外，还有加入地名的“古相张家造”款铭，并且这种款铭瓷枕的烧制一直持续到元代，成为磁州窑系瓷枕的主流产品。而“古相州”即为今天漳河两岸河南省安阳市和河北省磁县一带，与后来确定的磁州窑的位置相吻合。据考古工作者多年来对磁州窑的调查和发掘，在河北省磁县观台镇东艾口窑遗址发现有大量“张家造”戳记的瓷枕残片，在与其一河之隔的冶子镇窑遗址则有大量“张家枕”戳记瓷枕残片，为确定“张家造”瓷枕的生产地提供了丰富的实物资料。

根据现有瓷枕实物资料，“张家造”瓷枕最早的纪年产品当数甘肃省博物馆收藏的一件白地黑花长方形枕，枕底印有“张家造”戳记，枕侧壁题“明道元年巧月造。青山道人醉笔于沙阳”。[2] 明道元年为公元1032年，是宋仁宗年号。无独有偶，“青山道人醉笔于沙阳”题记还见于一件个人收藏的小瓷罐。[3] 而与河北省磁县不远的鸡泽县也有沙阳地名，这些题有沙阳地名的瓷器是否说明鸡泽县一带也属于磁州窑范围，则还有待更多考古资料的发现来探明。

1 笔者注：参见“故宫博物院网”之“藏品精粹”。

2 冯先铭主编：《中国古陶瓷图典》，文物出版社，1998年第1版第353页。

3 梁伟强：《红楼呼唤着，留下吧北斋》，载“中华博物网”。

元

青白釉梅瓶

元代青白釉梅瓶1985年出土于北京市海淀区永定路元代墓葬中，现藏于北京市海淀区博物馆。瓶高28.4厘米，口径6.3厘米，足径10.3厘米。小唇口，短颈，丰肩，敛腹，平砂底，足部微外撇。内外施青白釉，肩部及下腹部各饰一道弦纹。

从该器整体风格来看，其烧制窑口应为江西景德镇地区的窑场。器物造型修长典雅，瓷土淘洗稍欠精细，胎体中含有少量杂质，胎接痕比较明显，器身弦纹与胎接痕巧妙搭配，为素面器壁增添了些许节奏感。器身里外均施釉，釉层厚薄不匀，先里后外的上釉痕迹比较明显，釉色与宋代相比更偏重于青色，整体风格比之宋代景德镇窑产品稍显粗糙，这也是元代青白瓷的时代特征之一。

梅瓶创烧于北宋时期，因其口小仅容梅枝而得名，又称“经瓶”。根据考古资料分析，梅瓶既可用于盛酒，也可用于陈设。宋代磁州窑梅瓶上经常书写与酒有关的文字，如“清沽美酒”、“醉乡酒海”等，说明梅瓶确实是作为酒器使用的。同时，北方地区辽代墓葬出土的壁画中有用梅瓶插花的内容，因此梅瓶也具有陈设功能，并且辽代以后梅瓶的陈设功能大大超过了其盛酒的实用功能。

该梅瓶器身满施青白釉。青白釉是介于青釉和白釉之间的一种釉色，又称影青，始创于北宋时期的景德镇地区的窑场。由于釉料中三氧化二铁的含量很低，釉层显得晶莹润泽，有如冰似玉的美感。元代青白釉比宋代发色较深，青色略强于白色，没有宋代那样清澈透亮，但也别具一格。北京元大都遗址出土的一件青白釉观音坐像堪称元代青白釉瓷器的杰作。观音像通高65厘米，坐姿，右腿支起，左腿下垂，右手置于右膝上，左手自然下垂，神态安详，眼睑间露出慈祥的微笑。菩萨袒胸赤足，体态丰满，头戴宝冠，肩搭披帛，胸前佩带璎珞。整体器物形神兼备，釉色莹润柔和，将菩萨博大安详的特质和凛然不可侵犯的宗教威严非常协调地融合在一起。[1]

青白釉瓷器的烧造成功，不仅使景德镇瓷器制造业一跃成为中国瓷器生产的中心，而且从世俗文化角度看，也给我们提供了了解当时社会礼乐制度和审美取向的实物素材。中国素有崇玉的传统，儒家学说更是强调“君子比德于玉”，这种思想也影响到了瓷器的烧造。继唐代越窑将青瓷“类冰类玉”的效果发挥到极致以后，两宋时期，随着程朱理学的勃兴，儒家的这种崇玉思想更是渗透到社会各个阶层和领域。受此影响，在釉色上玲珑剔透的青白釉瓷器也受到了人们的普遍欢迎。与价格昂贵的玉器相比，物美价廉的青白釉瓷器更容易让普通民众接受，而景德镇的青白釉瓷也因此拥有了广阔的市场。

"大都"作为元代的政治、经济、文化中心，来自全国各地的商品汇聚于此，产于南方的青白瓷也随着大运河的漕运源源不断地输入京城。据考古资料，在今北京市西城、海淀、昌平等地都出土有元代景德镇的青白釉瓷器。这一方面说明青白釉瓷器在"大都"一带有着很大的消费需求，另一方面也说明在运河疏浚后，便利的水路交通在很大程度上促进了当时南北方之间的贸易往来。

1　首都博物馆编：《首都博物馆二十周年纪念馆藏精品撷英》，北京燕山出版社，2001年第1版第48页。

明成化

青花高士图罐

明成化青花高士图罐1985年出土于北京市海淀区中关村南大街中央气象局院内，现藏于北京市海淀区博物馆。罐高24.2厘米，口径15厘米，足径15.3厘米。直口、短颈、丰肩、鼓腹、平底，腹部以下逐渐内收。罐身内外均施釉，釉色洁白莹润，底部露胎，胎质洁白细密。器身外壁绘制上下五层青花纹饰，纹饰间以弦纹相隔，主题纹饰为“松下对弈”和“携琴访友”高士隐居图。（图一）

成化四年（1468年），景德镇在经过正统、景泰、天顺期间短暂的空白期之后，开始恢复烧造官窑瓷器，主要品种有盘、碗、杯、高足杯等小巧器型，素有“成化无大器”之说。该罐体积较大，造型规整，相比于成化时期的“小器”来说实在是罕见。从罐的底部露胎处可以看出洁白致密的胎质和细微的修胎痕迹，不见有明代早期的火石红现象，说明当时瓷土淘炼工艺的精细和进步。明代早期的官窑瓷器，非常重视器物的修胎，永宣时期的胎接痕不太明显，明代中期，尤其是成化之后的修胎效果则稍有欠缺。这件器物即很好地说明了这一现象的变化过程。不过，这件器物腹部隐约可见的胎接痕，不仅不会使人有瑕疵的感觉，反而使器物更加凸显灵巧、秀美之魅力。

图一

明代早期永乐、宣德年间，绘制青花所用的钴料多为郑和下西洋时从波斯地区带回来的“苏麻离青”。用这种钴料绘制的青花发色深沉、艳丽，同时由于其含铁成分较多，含锰成分较少，

图二

使烧出来的青花往往有吃入胎骨的结晶斑产生。这种青花钴料的使用，使永宣时期烧制的青花瓷器的美艳效果达到了空前的水平。随着宣德以后明朝政府禁海政策的实施，“苏麻离青”钴料停止进口，所存原料也逐渐用完，到成化时期，不得不在国内寻求新的青花钴料代替，于是开始使用产于江西一带的平等青。该器青花纹饰主要就是使用了平等青绘制，但在其中掺入了少量的“苏麻离青”，使得青花发色淡雅中略显深沉。这件器物的青花绘制手法采用双勾线勾勒轮廓，然后用小笔平涂填色，笔触痕迹比较明显。

器物主题纹饰采用了当时比较流行的高士隐居题材，这一方面是受到当时文人画的影响，另一方面似乎也反映了成化皇帝的某种消极心态。成化皇帝朱见深在太子之位时，正是其父亲明英宗与明代宗争夺皇位的时期。明英宗在“土木堡之变”中被俘，此后身为郕王的朱祁钰登上皇位，改年号为景泰，是为代宗。景泰皇帝在位七年间，始终想谋害当时身为太子的朱见深，以立自己的儿子为皇位继承人。现实中可怕的政治斗争给幼年的朱见深造成了很大的心灵创伤，也使他长大后非常向往世外桃源般的隐居生活。这种心理状态在朱见深继位后影响到了很多方面，其中在官窑瓷器纹饰中，就有许多选择隐居生活的题材。“携琴访友”题材取自战国时期余伯牙和钟子期因琴相知的典故，蕴涵了向往身处世外、闲云野鹤般的出世思想，“松下对弈”也透露着浓重的归隐心态。该器的装饰纹样还有弦纹、如意云头纹、灵芝形云纹、蕉叶纹、变形莲瓣纹。纹饰布局合理，绘画技艺高超，在主题纹饰呈现出文人画风格的同时，也表现了画师在工笔画方面的艺术造诣。（图二）

对这件瓷器是官窑还是民窑产品的判断，需要对其所包含的所有信息进行多角度统一考量。笔者认为，该青花罐虽然没有成化年间流行的款识，但也应该认定其为成化时期一件精美的官窑制品。在成化之前的正统、景泰、天顺时期，由于皇位纷争，时局混乱，这时的瓷器为了规避政治问题，一般都不书写年款。在迄今发现的空白期青花瓷器中，仅有山西等地的个别瓷器上有墨笔题写的年款。成化早期，在理顺朝政的同时，手工业上的年款题写也经历了一个继承和开创的时期，而在官窑瓷器上书写年款的做法也相应经历了从无到有的过程。另一方面，该罐器形、釉彩时代特征鲜明，同时系出土于有明确纪年的明代太监墓中，应属宫廷用器，而宫廷用器一般均出自官窑，由此判断这应该是一件成化官窑产品。

明正德

青花缠枝莲纹罐

明正德青花缠枝莲纹罐1984年出土于北京市海淀区钓鱼台，现藏于北京市海淀区博物馆。罐高13.8厘米，口径6.1厘米，足径7厘米。直口微敛、短颈、圆肩、敛腹、平底，腹部有一圈非常明显的胎接痕。器物里外均施釉，器底外侧有一圈旋削痕，底足露胎。从上到下有四层纹饰，每层之间以两道弦纹为界，层次分明，腹部的主题纹饰为缠枝莲纹。

正德时期是明代青花瓷器制造史上承上启下的一个时期，这件青花罐比较突出地反映了这一点。该器器型较小、制作规整、施釉均匀，这些都继承了成化、弘治以来的风格。由于瓷土原料淘炼得不精细，致使胎体中所含杂质较多，出现了釉面不平的现象。另外，足底修胎比较随意，有明显跳刀痕，罐体表面不够平滑，腹部的胎接痕与成化、弘治时期器物相比更加明显，这些特点又与明代后期瓷器特点相似。

正德早期官窑青花瓷器所使用的钴料继承了成化、弘治以来常用的平等青，青花发色浅淡平稳。在瓷胎上作画时，也非常讲究用笔和层次，多用在胎白釉润的精细瓷器上，有工笔画的效果。而在民窑产品中，大量使用的青花钴料则多为产于江西高县等地的石子青料。由于石子青含锰量高，用这种钴料绘制的青花发色较为灰暗和深涩，线条花纹经常有晕散浸润现象。除此之外，在正德中后期，为了在国内寻求类似永宣时期的“苏麻离青”料，曾在云南地区找到一种青花钴料，即回青。据《窥天外乘》记载：“回青者，出外国。正德间，大珰镇云南，得之，以炼石为伪宝。其价，初倍黄金，已知其可烧窑器，用之果佳。”据此可知这种产于云南的青花钴料非常稀少，价值等同于黄金，因此这种钴料在当时仅用于官窑精品瓷器的烧造。这件青花罐的纹饰是因为使用了石子青料绘制的缘故，带有明显的晕散浸润现象，是一件比较典型的民窑青花瓷。

该器装饰纹饰共分四层，除颈部绘一圈连续“S”形装饰带之外，其余三层纹饰均为莲纹。其中肩部为四组在如意形开光内绘制的朵莲纹，腹部的主体纹饰为缠枝莲纹，接近足部的地方绘以变形莲瓣纹。每组纹饰之间均以双圈弦纹相隔。绘画笔法除双勾线平涂外，更多地采用了一笔成画的画法，在起笔处有较深的顿笔痕迹，这一方面是出于追求产量的需要，另一方面也反映了民窑产品绘画风格的随意奔放和不拘一格。

突出莲纹为主的装饰风格，包含了两种寓意：一是取“青”、“莲”的谐音为

“清廉”，二是受到莲花作为佛教圣花的影响。佛教于东汉传入中原以来，在南北朝时期得到了迅猛发展，被视为佛门圣花的莲花也开始广泛装饰于瓷器等日常用器上。宋代以前，莲纹经常以堆塑、贴花、刻花、划花等方式装饰在器物表面。宋代以后，随着佛教汉化的不断加深，莲纹作为装饰题材在瓷器上运用得更为广泛。与此同时，与莲花有关的题材也出现了更多的表现方式，如折枝莲花、缠枝莲花、莲瓣纹等等。明代早期，永宣时期的青花“一把莲纹”盘在装饰手法上就已经表现出独具魅力的艺术效果。正德时期，各种宗教门派思想比较兴盛，儒、释、道都有很多信众，甚至来自阿拉伯地区的伊斯兰教思想在皇室中也有很大的影响力。这件器物以莲纹为主题装饰，也正是当时佛教思想在民间比较流行的一个反映。

《江西大志·陶政》记载：“正德初，设御窑厂，专管御器。”这也促进了正德时期制瓷手工业的发展，其中青花产品仍是瓷器生产的主流。官窑如此，民窑亦然，而这件器物在造型、釉彩各方面都体现了当时民窑青花的烧制特点和风格。

明嘉靖

白釉罐

明嘉靖白釉罐1990年出土于北京市海淀区八里庄，现藏于北京市海淀区博物馆。罐高21.7厘米，口径9.5厘米，足径11厘米。直口，短颈，丰肩，腹部以下逐渐内敛，平底。器身胎体较厚，平底露胎，腹部有一圈明显胎接痕，胎质细密洁白。内外均施白釉，釉层较厚，器身光素无纹饰。

该器在造型上体现了嘉靖瓷器敦实浑厚的风格。器物造型规整，足底边缘旋削细致，与嘉靖时期大件器物制作粗糙的现象截然不同。釉面肥厚光润，乳白色中微透出浅黄，有甜腻之感。史料中曾有嘉靖时期仿制明初洪武、永乐甜白釉瓷器的记载，而仿制器物中的精美之作也足可与真品媲美。在嘉靖仿制前朝甜白釉的器物中，既有光素无纹的，也有暗印纹饰的。而这件光素白釉瓷器的精美程度，使我们从中领略了整个明代官窑白釉瓷器在工艺上的优良传统。

白瓷，顾名思义是施以白釉的瓷器，但是，白瓷又不仅仅是施釉的艺术，同时对瓷胎也有着很高的要求。从原料上说，要烧制白瓷，必须把胎釉原料的含铁量控制在1%以下，才能烧制出白瓷。根据目前考古资料，历史上成熟白釉瓷器最早见于1971年河南省安阳市北齐武平六年（575年）范粹墓出土的一批白釉瓷器。[1] 历经隋、唐、宋、元几百年的发展，到了明代，无论是白瓷烧造的数量还是质量都达到了瓷器史上的又一个高峰，尤其是永乐、宣德年间烧制的甜白釉瓷器更是将白瓷的烧造技术提升到了空前的水平。据文献记载，甜白釉瓷器胎体薄如卵壳，釉色温润如玉，素有“汁水莹厚如堆蜡，光莹如美玉”的评价。嘉靖年间是明代瓷器产量最大的时期，而白瓷也是当时瓷器产品的重要品种，其中白瓷的精细之作也足以和永乐时期的白瓷相媲美。当然，由于实行“官搭民烧”的政策，以及受瓷土、釉料等原料局限，嘉靖白瓷的整体质量较之永宣时期还是有很大差距，比如瓷胎含有杂质，修胎欠规整等。但不可否认，嘉靖白瓷的大量生产和民窑技术的进步，为此后釉上彩瓷器的大繁荣创造了良好条件。

从这件器物的整体情况来看，应该出自于景德镇一带的窑场。该器没有款铭，因此其属于民窑产品还是御器厂产品还值得考证。事实上，嘉靖时期，随着景德镇民窑经营规模的不断扩大，瓷器制造业的分工协作也更加紧密，资本主义生产因素开始出现在瓷器生产和销售的各个环节。同时，为了节省生产成本，朝廷开始在景德镇实行“官搭民烧”的瓷器生产政策。嘉靖时期的“官搭民烧”是先将宫廷所需瓷器根据额定任务和临时加派任务的不同，分为“部限”瓷器和“钦限”瓷器，然后分别由御器厂和指定的民窑烧制。其中，“钦限”瓷器一般采用三种方式，即“分派烧造”、定给民窑包作包烧和散搭民窑烧，这些方式都具有一定的强制性，表现出非常鲜明的劳役性特征。虽然这一政策加重了民窑的负担，但同时，由于官窑技术和原料逐渐进入民窑，也使民窑得到了一定程度的发展。[2] 受民窑烧制“钦限”瓷器的质量标准要求，民窑其他产品的质量也存在着向官窑瓷器靠拢的倾向和可能，并由此带动了民窑瓷器的整体进步。就这件器物来说，根据其出土于明代太监墓中的情况，虽然不能明确其是“部限”瓷还是“钦限”瓷，但其属于宫廷用器应该是毋庸置疑的了。

---

1 冯先铭主编：《中国古陶瓷图典》，文物出版社，1998年第1版第193页。

2 方李莉：《景德镇民窑》，人民美术出版社，2002年第1版第71页。

明嘉靖

青花岁寒三友图罐

明嘉靖青花岁寒三友图罐1991年出土于北京市海淀区北下关太监墓，现藏于北京市海淀区博物馆。罐高14厘米，口径8厘米，足径8.5厘米。直口、短颈、丰肩、鼓腹、圈足。装饰纹饰共四层，每层之间以单圈或双圈弦纹间隔，颈部绘一周二连回纹，肩部绘如意云头纹，主题纹饰是由松、竹、梅伴以蜂蝶组成的“岁寒三友”图，足际部位绘变形莲瓣纹一周。（图一）底部有“大明嘉靖年制”双圈双行竖写楷书款。（图二）

图一

该罐造型比较规整，但也存在修胎不圆、胎接痕较明显的现象，反映了当时青花瓷器在制作工艺上的一个特征。另一方面，罐体稍显小巧，与嘉靖同时期的体型较大的官窑青花器物的时代特征相比较，这类小巧器物应该属于少见品种。罐体内外施满釉，釉色莹润，肥厚适宜。

器物绘制青花所用的钴料主要采用了嘉靖时常用的回青料，同时还掺有部分石子青料。有明一代，青花钴料大约经历了苏麻离青、平等青、石子青、回青、浙青的更替过程。其中明早期永宣时期所用的苏麻离青是从波斯进口的品种，以发色沉稳深邃著称，用其绘制的青花器是明代青花瓷器的精品。及至明中期成化时，平等青料使用广泛，用平等青绘出的青花色泽淡雅明快，开创了青花小型器物的特色时期。正德年间，镇守云南的太监无意中发现了回青可以用来在瓷器上作画，并且效果很好，遂开始了使用回青的历史。然而，由于当时的回青属于偶然发现，数量有限，不能满足大批量生产的需要。嘉靖年间，为了满足皇室用瓷的需要，

图二

继续着寻找回青的努力，最终在西域等地找到了能与正德时期云南地区所发现的回青相媲美的钴料，并一直到万历早期，都是景德镇御窑厂使用的主要钴料品种。万历中晚期直到明末，则以浙青青花为主。

《江西大志》有这样的记载："回青淳，则色散而不收；石青多，则色沉而不亮。每两加石青一钱，谓之上青；四六分加谓之中青；十分之一，谓之混水。"可见，回青需要与石子青配合使用才能取得很好的效果。正是由于回青的这种特点，在使用时往往用中青勾勒轮廓，上青涂抹，混水用以渲染，这样才能达到理想的装饰效果。这件青花罐正是使用了中青双勾线，用上青填涂、混水渲染的手法，使器物的青花发色清亮而不失深沉，艳丽而不显俗媚。

"岁寒三友"纹饰题材取自于宋代以来流行的文人画。北宋年间，苏轼被贬黄州，隐居于"东坡"之地，在此修筑了草屋，谓之"雪堂"，并在"雪堂"周围的院子里遍种松、竹、梅等花木。在乍暖还寒的春天，他的一个朋友来"雪堂"拜访他，当看到屋内外冷清寂寥的场景时，很是同情苏轼的境况。不想苏轼笑着指着院内的花木说："风泉两部乐，松竹三益友"，意为风声和泉水演绎的乐章，以及坚忍不拔的青松、挺拔多姿的修竹是陪我度过寒冷和孤独的三个益友。自此，"岁寒三友"便多用来比喻纯洁、忠贞的友谊了，并被文人画坛竞相采用，成了文人画的重要表现题材之一。此后的绘画作品中又将梅、石等丰富了进去，扩大了岁寒三友的内容。该罐所绘"岁寒三友"纹饰，虽然出自画工之手，而非专门的文人画家的作品，却也真切地反映了当时知识分子的审美取向，为我们提供了以瓷器为载体的明代文人画的珍贵资料。

该罐出土于明代晚期的太监墓葬，同时出土的还有"天启通宝"金钱和银鎏金御马监太监腰牌，可知墓主人曾担任过明代晚期的御马监太监。这件青花罐随葬在距其生产时间约半个世纪之后的太监墓中，说明这件器物是主人的心爱之物。同时，嘉靖时期的精品青花罐与一同出土的大量金银器也在一定程度上诠释了明代太监位不高而权重的历史事实。

明万历

青花八仙过海图罐

图一

明万历青花八仙过海图罐1989年出土于北京市海淀区中关村南大街中央气象局附近，现藏于北京市海淀区博物馆。罐高16.5厘米，口径8.1厘米，足径10厘米。直口，短颈，丰肩，腹部由上向下逐渐内敛，圈足，圈足内书双圈三行竖写六字楷书款“大明万历年制”。器物内外均施满釉。外壁肩部绘莲瓣纹，腹部绘八仙过海图，接近足部绘缠枝灵芝纹。全部纹饰由青花绘制，绘制手法先采用双勾线绘制轮廓，再用笔平涂晕染。器物出土时已残，后经故宫博物院修复。（图一）

这件器物制作工艺精细，胎体薄厚适度，瓷土淘炼细密，造型规整，修胎细腻，腹部的胎接痕不但没有粗制滥造之感，反而给人以瑕不掩瑜的感觉。釉面莹润，玻璃质感较强，与胎结合紧密。从生产技术上来看，当属万历青花瓷的精品。

图二

该器所用青花料仍然是嘉靖以来的回青料配以石子青，青花发色延续了嘉靖、隆庆以来艳丽深沉的风格，在纯净釉质的衬托下更显高贵典雅。万历官窑青花瓷器根据青花发色的深浅差异可以将其分为三个阶段：早期浓艳，中期较浅发灰，后期更浅并有晕散。这种情况的出现与回青钴料出产于遥远的西域等地、得之不易有关。据《明神宗实录》载：“（万历二十四年）回青出吐鲁番异域……而御用回青系西域回夷大小进贡，置之甚难。”万历中期以后，大量的国产青花钴料逐渐取代了回青而居于青花瓷器原料的主体地位，同时，浙料、珠明料等青花钴料继而广泛应用到了官窑和民窑的瓷器生产中，为清代早期青花瓷器的生产打下了基础。

该器主题纹饰为八仙过海图。在我国古代陶瓷器装饰中，宗教题材被广泛地应用于其间，并且不同的宗教题材与皇帝、仕宦以及普通百姓在不同时期的宗教信仰有着密切的关系。八仙题材取材于道教神话传说，包括汉钟离、吕洞宾、铁拐李、曹国舅、蓝采和、张果老、韩湘子、何仙姑，关于他们的神话传说有“八仙过海”、“八仙祝寿”等。明代嘉靖、万历时期，受当时皇帝和上层人士崇尚道教的影响，和道教有关的装饰题材也被广泛应用于手工业领域，瓷器的装饰当然也不例外。以八仙题材为主要装饰纹饰的瓷器，在明代晚期非常盛行，到了清代康熙以后，还发展出了暗八仙题材，即仅用八仙人物所佩带和使用的法器代表八位人物，并不把八仙人物画出来，比如用扇子代表汉钟离，用宝剑代表吕洞宾，用葫芦和拐杖代表铁拐李，用阴阳板代表曹国舅，用花篮代表蓝采和，用渔鼓或道情筒、拂尘代表张果老，用笛子代表韩湘子，用荷花或笊篱代表何仙姑。

该罐年款为万历早期官窑款，款铭书于器物外侧圈足底部，书体有颜体风格，为竖写三行排列，款外围以双圆圈，圆圈直径较大，“大”字之撇、捺顿挫有力，“万”字为草头写法，属于万历早期的风格。（图二）万历是明代持续时间最长的年号，其官窑瓷器款铭比较多样，既有六字款，又有四字款；书写部位也无定处，常见为器物外底部，其他还有内底、外口沿、肩部等；书写技法上，有青花，也有紫彩，有直接毛笔书写，也有刻画款。丰富多彩的写款方式体现了明代万历时期瓷器生产的时代特征。

总之，这件出土于明代太监墓中的青花八仙过海图罐，虽然残损比较严重，但是无论从器物工艺还是其所反映的历史信息，均不失为一件难得的珍贵文物。

明万历

青花百鸟朝凤图罐

明万历青花百鸟朝凤图罐20世纪80年代出土于北京市海淀区金山明墓，现藏于北京市海淀区博物馆。罐高35厘米，肩径37厘米。直口，唇边，短颈，丰肩，鼓腹，平砂底。肩部纹饰为锦地开光，绘折枝花卉纹，腹部绘百鸟朝凤图，腹足交会处绘一周变形莲瓣纹。器里外均施釉。器形高大，纹饰繁密。

该器胎体厚重，胎土淘炼不精，含有杂质，使得器物表面有鼓包现象。器物修胎不够精细，造型不规整，表面凹凸不平，胎接痕比较明显，器足斜削留有刮削痕。瓷土原料质量和制坯工艺反映了当时景德镇瓷器生产技术的实际状况。嘉靖以后，随着瓷器商品化和出口需求的迅猛增加，景德镇的瓷器生产实行了“官搭民烧”的政策，这一政策使得原来仅限于官府垄断使用的优质瓷土麻仓土得以在民窑生产中使用。[1] 这样一来，虽然在降低成本的同时提高了产量，但事实上也加速了景德镇麻仓土资源的迅速枯竭，直到万历中后期，才出现了二元配方的麻仓土和高岭土混合的瓷土。这件瓷罐胎土淘洗欠精细，残存杂质比较多，应属于使用二元配方瓷土生产的较早时期产品。

该器施釉较厚，釉层均匀、透明，虽然稍含少许杂质，但不掩整体釉色的温润和美感。青花发色较浅，呈蓝中略微泛灰的色调，有轻微晕散现象，但画面清晰、清朗悦目，应属于万历中期产品。需要特别注意的是，这件瓷器的青花发色反映出明代外销瓷中所谓“克拉克瓷”的风格。“克拉克瓷”一词源于葡萄牙语“Caraack”，后被欧洲人统称为“Kraak”。明万历三十二年（1604年），荷兰人在海上截获一艘满载中国万历时期青花瓷的商船，船上的瓷器被运到荷兰的阿姆斯特丹拍卖，受到了包括法国和英国王室的竞购，此类瓷器从此在欧洲广受欢迎，由于装载瓷器的葡萄牙商船名为“克拉克”，故将这类瓷器统称为“克拉克瓷”。[2] 从器形上来说，“克拉克瓷”多以盘、碗、瓶、军持等为主，而罐则非常少见，另一方面，这件百鸟朝凤图罐出土于明代皇家陵寝区，应该属于宫中用器，而不是外销瓷。

在青花纹样装饰上，锦地纹开光的装饰风格开始流行于明嘉靖年间，到万历时更为普遍，并开启了锦纹开光作为辅助纹饰的先河，对后世的瓷器装饰有着非常深刻的影响。该器主题纹饰为“百鸟朝凤”图，纹饰布局以凤凰为中心，四周众多飞鸟竞相飞附，鸟儿造型动势夸张、矫健敏捷，或栖息枝头，或飞翔于林丛之间，或流连于山石花草之中，呈现出一派生动活泼的自然美景。该器的纹饰无论从题材上还是装饰技巧上，既有元明以来文人画的烙印，也有明代末期兴起的以木版画为代表的世俗化倾向。这也与明代后期资本主义生产关系在瓷器生产中的发展相一致，反映了在市场需求的前提下，瓷器的装饰题材更多地受到了世俗大众审美观和欣赏情趣的影响，继而使得象征富贵、祥瑞、喜庆等方面的题材在瓷器装饰中应用得更为广泛。比如绘画技法中在传统勾描、晕染手法的基础上，增加了版画的表现手法，通过大量运用平行短促的直线线条来表现图案的不同深浅层次，民俗文化气息非常浓厚。

明代万历时期是中国瓷器大量出口的时期，在瓷器产销分工更加专业、细致的前提下，资本主义生产关系带动了作为商品的瓷器在更广泛的地域内流通。据《万历大志》记载："从燕、云至交趾，东到海边，西至蜀地，所到之处，皆有商贾取景德镇瓷而赢利。"这一记载进一步说明景德镇瓷器的商品属性已经非常明显。同时，皇家陵寝区出土的这件充满商品气息的青花罐也表明，宫廷用瓷与民间用瓷的森严界线有逐渐淡化的趋势，更多雅俗共赏的文化气息深入到了社会的方方面面，这也为了解当时宫廷文化生活的价值品位提供了很好的注解。

---

1 方李莉：《景德镇民窑》，人民美术出版社，2002年第1版第72页。

2 冯先铭主编：《中国古陶瓷图典》，文物出版社，1998年第1版第67页。

清顺治

青花凤凰麒麟芭蕉图罐

图一

清顺治青花凤凰麒麟芭蕉图罐1987年出土于北京市海淀区香山路林业研究所内，现藏于北京市海淀区博物馆。罐高38.8厘米，口径22厘米，足径21.5厘米。罐呈直口，口沿起唇边，微外撇，短颈，斜肩，腹部略鼓，至腰下渐收，平砂底露胎。器身青花纹饰从上到下分为四层，颈部为两组折枝花，肩部饰一周缠枝花卉，足部饰一周倒山字纹装饰带，主题纹饰绘于腰腹部，题材为凤凰、麒麟、山石、芭蕉图案，布局繁密，但却有序而不杂乱。凤凰与麒麟一上一下回首相望，山石、芭蕉自然分布在周围，画面空白处上方，一轮太阳高挂在天空中。青花发色青翠艳丽，色彩层次与明代相比有明显的明暗变化。釉色白中泛青，口沿处施一层非常薄的浅黄色釉，底足无釉露胎，器身外侧接近足部旋削齐整，并有火石红现象。（图一）

顺治瓷器处于明清过渡阶段，在造型、青花用料、绘画技法及釉料等方面都呈现出过渡期的特点。顺治青花瓷器所用青花料仍为明末以来的浙青，青花发色有黑蓝、淡蓝、正蓝、青翠之分，这件器物即属于青翠之类。该器胎体坚细厚重，造型敦实，虽然器形硕大但也不失规整，反映了当时民窑的制作水平。该器题材以凤凰、麒麟、芭蕉、山石为主，具有明显的顺治时期风格。麒麟为传说中的仁兽，是古代麟、凤、龟、龙“四灵”之一，虽然形象凶猛，但因麒麟有仁厚贤德的寓意，因此人们将其视为吉祥物。（图二）麒麟、凤凰题材在顺治青花瓷器中应用十分广泛，并经常与蕉叶纹组合在一起，形成固定的图案搭配。这类题材的顺治青花瓷器在国内其他博物馆中也多有收藏，比如广东省博物馆收藏有一件青花麒麟纹大盘，该器酱釉口，底书青花双圈“玉堂佳器”款。胎体厚重，釉白中闪青，青花略偏灰蓝，盘内主题纹饰画有麒麟、芭蕉、山石、云气纹、小草、太阳等。麒麟做后肢蹲状，右前蹄抬起，扭头回顾，张口瞪目，气势凶猛，面目狰狞，富于动感。该馆另一件藏品青花麒麟纹觚也以麒麟芭蕉为主题纹饰。[1]

顺治时期是清朝政权正式统治中国的开始，各地战事频仍，社会动荡，经济萧条。在这种社会背景影响下，以景德镇为中心的瓷业生产也从明代的繁荣走向了衰败，甚至一度处于停滞状态。与此同时，受明代后期“官搭民烧”和“有命则供，无命则止”的官窑政策影响，民窑产品在这时逐渐超过官窑，在质量和数量上占据了主要地位。根据出土和传世品资料看，顺治时期瓷器能被准确判断为官窑的器物非常少，这与史籍中关于顺治时期官窑经营惨淡的记载相吻合，以至于在很长一段时期，无论是学术界还是收藏界，都忽视了顺治瓷器的存在，要么把其归于明末，要么把其归于康熙，并笼统称为“明末清初器”。后来经过专家学者的努力研究，逐渐把顺治瓷器从统称的明末清初器中剥离了出来，并对顺治时期瓷器进行了科学概括和总结，进而还原了历史的本来面目。

这件器物造型与故宫博物院藏“清顺治青花花鸟纹盖罐”非常接近，所不同的是，海淀这件的器盖已不存。此类器形俗称“将军罐”，因其盖上的宝珠纽顶盖形似将军盔帽而得名。初见于明代嘉靖、万历时期，初期器形差异较大，到清代顺治时基本定形，康熙时大量涌现。从出土资料综合来看，这种将军罐经常用于盛放佛教僧侣骨灰。顺治时期，在战事频繁的社会背景下，广大的老百姓生活在水深火热之中，作为精神寄托的佛教信仰也更加深入民间，这种思潮在瓷器生产领域也产生了较大影响，专门用于佛事的瓷器品种和数量也随之增加。在国内多家博物馆收藏的顺治时期的瓷器中，经常有关于佛教内容的题记，比如江西省丰城市博物馆收藏的顺治十三年青花花觚的题记为“顺治十三年十二月吉，城上保信士黄堂纲喜助香炉花瓶一副，敬保男女丑贞保合家清洁”；再如故宫博物院收藏的顺治十五年青花云龙筒瓶的题记为“顺治十五年五月十三日吉旦，江西饶州府浮梁县与西乡里仁

图二

都，五图信士程子麒喜助一副，奉九华山金刚洞佛前供奉”。题记中所指的九华山是地藏菩萨道场，地藏信仰的突出，也反映了当时以农耕为生的劳苦大众渴望安居乐业的迫切心情。

1 黄静：《顺治青花器漫谈》，载“广东省博物馆网”。

清顺治

青花四美十六子图罐

清顺治青花四美十六子图罐1987年出土于北京市海淀区香山路林业研究所内，现藏于北京市海淀区博物馆。罐高49厘米，口径23.5厘米，足径24厘米。该罐带有子母口盖，盖纽已脱落，盖面装饰青花人物，盖里无釉露胎。罐为直口微敛，短颈，丰肩，鼓腹，接近足际处突然内敛，浅圈足。罐胎体厚重，胎质坚硬，颜色泛黄，造型敦实丰满。内外均施釉，釉色白中闪青，足底无釉露胎，釉面有凹凸不平感。

器身外壁用青花绘制纹饰，从上到下共分四层，其中三层为装饰带，每层纹饰之间用一道或多道弦纹分隔，颈部有一周勾边露白忍冬纹，肩部饰“V”字形装饰带，足际饰一周变形莲纹装饰带；主题纹饰绘于整个罐体外壁，内容为“四美十六子图案”。图中一位母亲手执芭蕉扇，旁边两个小孩手捧书匣，亦步亦趋紧跟身后，俨然一幅孟母教子的历史图画；另一位母亲手执花枝与两个孩子翩翩起舞，极尽风雅和高贵；另一位母亲怀抱婴儿，手上拉着一个稍大的孩子，同时招呼着旁边另一个孩子，好一幅家庭生活的情调。几位母亲身后，几个调皮的孩子正在捉迷藏、玩风车。图中芭蕉亭立，柳条舞动，一轮温暖的红日隐现在氤氲的浮云之中，整个画面充满了温馨、祥和的生活气息。

绘画技法呈现出继承前代、启发后世的过渡性风格，既有勾线平涂，又有直接绘制渲染，舞动的美人衣褶处巧妙地用明暗对比的手法处理，刻画出明显的动感效果，从中可以窥探到康熙青花绘画技法的滥觞。器物青花发色虽然灰暗，略显深沉，但在主题纹饰的渲染下，却也彰显出窑工画师的高超技艺和民间主流文化的内涵。

在以孔孟之道为社会伦理标尺的中国古代社会，“多妻多子多福”的思想渗透到社会生活的各个领域。汉代礼制中，就已经有关于“七去”休妻的伦理层面上的规定，其中就有“无子”一条。到了唐代，更是在《唐律》中对“七出”进行了更加严格的规定，使其上升到法律层面，其中“无子”一条仍是重要内容。在“不孝有三，无后为大”的忠孝观念影响下，多妻、多子、多福题材的纹饰反映出古人对幸福、美好生活的向往。

清代初年，社会动荡，经济凋敝，老百姓生活在水生火热之中，在这种客观背景下，寄希望于理想中的幸福生活成了许多人聊以自慰的精神寄托。同时，佛教所宣扬的现实惑业与虚幻轮回，也成了人们憧憬稳定安乐生活的力量源泉。这件器物的忍冬纹和莲瓣纹装饰直观地反映了佛教在日常生活中的重要影响，而四美十六子的主题纹饰则更加具体地反映了当时社会大众的内心世界。

“四美十六子”也称“四妃十六子”，题材内容并不限于这件器物所表现的范围，读书、下棋、游乐等许多场景也经常作为这类题材的内容。在清代早期的顺治、康熙年间烧制的许多瓷器上都装饰有此类题材，既有青花，也有五彩等其他瓷器。如湖北省博物馆收藏的一件清康熙五彩四妃十六子图笔筒，以及河北省文物研究所收藏的清康熙青花五彩四美十六子图盖罐都是这类题材的代表。

清康熙

青花五彩鱼藻纹将军罐

清康熙青花五彩鱼藻纹将军罐1997年出土于北京市海淀区马甸，现藏于北京市海淀区博物馆。罐高38.5厘米，口径13厘米，足径14.5厘米。罐呈直口，短颈，丰肩，斜腹，浅圈足，内外均施釉；盖呈将军盔状，宝珠形纽，子口，外壁施釉，内壁露胎。器形规整，足部外侧旋削露胎，露胎处有火石红现象，胎质较白，坚硬致密。器身外壁系用青花五彩装饰，颈部为杂宝纹，肩部为海水纹，两者虽然分置两处，但意趣一体，耐人寻味。腹部主题纹饰为红色联钱纹锦地开光，开光分为上中下三层，均为四铺，其中上、下两层呈三角形，内饰“卍”、“T”、“V”等几何纹，中间四铺开光呈花边菱形，各绘一组鱼藻纹，每组鱼造型、颜色各不相同，自然气息浓郁。器盖宝珠形纽满绘青花，盔部为三组凤凰杂宝纹，云纹飘浮期间。全部纹饰装饰技法以釉下青花和釉上红、绿、黄彩相结合，釉上釉下相互呼应，呈现出层次丰富、动静结合的装饰效果，同时，也呈现了康熙青花五彩瓷器的典型特征。（图一）

五彩瓷是中国古代瓷器中的一个重要品种，是在宋、元时期釉上彩装饰基础上发展起来的，到明代初期五彩瓷完全发展成熟。从考古资料来看，江西景德镇元代窑址及北京等地的一些遗址中都发现有早期五彩瓷标本，而现存最早的完整五彩瓷器当属1985年在西藏萨迦寺发现的明宣德青花五彩莲池鸳鸯纹碗。五彩并不是说瓷器装饰色彩仅限于五种颜色，而是一种泛泛的称谓，是指以铜、铁、锰等金属盐类为着色剂，经过入窑烧制而呈现出红、黄、绿、蓝、紫等多种色调的装饰效果。五彩瓷器需要经过两次入窑烧造方能完成，首先在高温窑中烧出施釉的素面瓷或青花瓷，然后在釉上作画，之后入低温窑进行二次烧制。在康熙以前，五彩中的蓝色都是依靠釉下青花来表现，因此，这时带有釉下青花的五彩又称为青花五彩，直到康熙时期成功烧制出釉上蓝彩后，五彩才完全成为釉上彩品种。烧制五彩瓷器的灵感来源于宋、元以来的民窑工匠们的智慧，发展成熟于条件优越的御窑厂匠师的手中，并反过来又影响了民窑，使五彩瓷器广泛用于日常生活的各个方面。

这件器物即为康熙时期民窑烧制的青花五彩瓷作品，与官窑装饰带有强烈的程式化特点不同，其更突出了民窑不拘一格、洒脱随意的豪放风格。图案中联钱锦地纹、寿山、海水虽然带有俗文化的意味，但这里的俗文化恰好表现了劳动人民的淳朴和企盼美好生活的愿景，与以文人画为代表的雅文化形成了强烈的对比，更能

图一（1）

图一（2）

图一（3）

图一（4）

使观者备感亲切。该器与官窑瓷器相比，虽然不如官窑瓷器富贵靓丽，但是给人以更加贴近日常生活的感受，另有一种使人恬淡遐思的韵味深藏其间。鱼藻纹是中国陶瓷器装饰中常用的题材，早在新石器时代的河姆渡文化陶器中就见有鱼藻纹装饰。随着瓷器的烧制成功，这种纹饰也大量装饰在各品种瓷器上，如宋代磁州窑的鱼藻纹，鱼儿浮游于飘动的水藻之间，使人感觉仿佛鱼儿逆流而上，极富动感的艺术效果。出土于北京西郊郝家湾，现藏于首都博物馆的一件明嘉靖青花五彩鱼藻纹盖罐是这类装饰题材器物中的精品。该器以釉下青花绘制水藻，在釉上以黄彩为地，用褐色勾画出鱼的轮廓及鱼鳞，呈现出红彩效果，十二条红彩游鱼欢嬉追逐于清丽明艳的水藻之间，动静结合，意趣盎然。（图二）

图二（源自《首都博物馆二十周年纪念馆藏精品撷英》第62页）

清康熙

青花五彩小将军罐

清康熙青花五彩小将军罐（八件）1997年出土于北京市海淀区马甸，现藏于北京市海淀区博物馆。八件小将军罐造型基本一致，均为直口，短颈，丰肩，斜腹，腰部以下内收，足部稍外撇，圈足，盖为将军盔状，子母口，带宝珠形纽。八件大小稍有差别，尺寸基本在通高11～13厘米，口径3～4厘米，足径3～4厘米之间。器物胎质洁白细密，胎体厚薄适中，整体制作规整，无接胎痕，足际外侧旋削较深，露出明显圈足。器体内外施釉，仅盖内壁无釉露胎，釉色纯净透明，有光泽。器身装饰题材分为两种，其中七件为花鸟山石图案，另外一件为婴戏图案。图案装饰以釉下青花和釉上红、绿、黄、黑彩绘制而成，青花多表现蓝色的山石、宝珠及弦纹，釉上彩多表现植物、人物、飞虫等。

五彩瓷从明代初期烧制成熟以来，很快受到了各消费阶层人士的喜爱，到嘉靖、万历时期，被后人称为“大明五彩”的五彩瓷器已经与青花分庭抗礼了。及至清代康熙年间，五彩瓷器得到了空前的发展，不仅在数量上有很大的增加，而且在工艺技术上也有了许多创新，为以后粉彩、珐琅彩等瓷器品种的出现和勃兴打下了坚实的基础。康熙五彩与大明五彩相比，工艺上突出反映在五彩中的蓝色由釉下青花发展为釉上蓝彩，真正使五彩成为纯釉上彩品种。与此同时，在黑彩的使用上，康熙五彩也较大明五彩有了很大的进步。大明五彩中用黑彩装饰的情况非常少见，并且所用的黑料是用胶水料调和而成，作画时，其线条在瓷胎上停不住，必须迅速完成绘画，难以细致勾勒，线条粗平，缺乏立体感。与之相比较，康熙五彩中所用的黑料是用乳香油调成，所画的线条有粘性，可以随意在瓷胎上停留发挥，画就的线条浑圆，粗细皆可，具有很强的表现力。这几件五彩瓷器中，所用黑彩即是用这种黑彩料绘制而成，画面中黑彩主要用于勾勒轮廓和茎脉，再用红、绿、黄、蓝等色与之搭配，虽然寥寥几笔，但丰富的色彩极大地增强了画面的表现力。

这组瓷器的画面题材和绘画技法一方面表现了民窑作品所特有的崇尚自由、奔放的浪漫主义气息，另一方面也反映了民窑的绘画工匠从明代以来文人画中广泛借鉴的艺术风格。事实上，在相关文献记载中，清代初期御窑厂所烧造官窑五彩器的记述几乎没有什么特别描述，即使传世品中被专家确认为是清初期官窑的五彩器大多也是盘、碗之类的小件器物，而那种器形较大、图案题材活泼、色彩搭配鲜艳的五彩器则多见于民窑产品。这组瓷器装饰的画面题材既有反映民间生活情趣的儿童舞蹈图，也

有反映风雅高洁意味的梅、兰、竹、菊。在植物花卉纹的绘画技法上，这组器物多为先勾勒出枝叶轮廓，再填以色彩，并且往往在花瓣边缘有露白的特点。在人物绘画技法上，可以从画面中人物头部后脑勺突兀硕大的特征隐约看到明末清初画家陈老莲的风格。陈老莲，名洪绶，字章侯，老莲是其号，晚年又号悔迟、勿迟、老迟等。浙江诸暨人，生活于明末清初时期。早年师承著名画家孙杕和蓝瑛，曾与当时北方画家崔子忠并称"南陈北崔"。其绘画造诣很深，擅长画花鸟、山水，不过其最突出的成就，还是在人物画方面。他的木板画多表现刀马人物，对当时瓷器、玉器等手工业产生了非常深远的影响。[1]

1 杨仁恺主编：《中国书画》，上海古籍出版社，1990年第1版第453～455页。

清乾隆

青花太平有象尊

清乾隆青花太平有象尊1986年出土于北京市海淀区板井村，现藏于北京市海淀区博物馆。通高11.2厘米，宽11厘米，长13厘米。为象驮宝瓶造型，象呈卧姿，四足平卧，尾巴贴身上翘，回首张望，长鼻高扬，双耳聆讯，双目黑亮，背部鞍座上驮有宝瓶一只，瓶为喇叭口，上大下小。器物底部露胎，胎质洁白，坚硬致密，瓷化程度非常高。除器底外，器身满施透明釉，釉色白中泛青，纯净晶莹。器物装饰充分利用了釉下装饰手法，比如利用划花、刻花技艺，于施釉前先在胎体上刻画出深浅、长短、方向不一的凹槽，施釉后，凹槽处积釉较厚，略呈淡绿色，形象地表现出象身上的血脉、经络、骨骼的质感，使象的造型更加栩栩如生。对眼睛的处理更是别具一格，甚至有种“画象点睛”的意味，其先是在眼睛部位刮去已上好的釉层，露出圆形胎地，在胎地上用黑釉点出一个略小的同心圆，这样使眼睛的黑白比例更加适宜，色彩对比更加强烈，动物神态更加自然可爱。同时，釉下青花装饰也得到了很好的应用，在洁白的胎体上用青花绘制缰绳、鞍座、披搭及宝瓶上的蕉叶纹，尽显简练大方、雅俗相宜。这件器物精致的造型，精巧的装饰，使其不失为一件既有生活情趣，又有艺术美感的瓷塑陈设品。

在古代，象是人们尊崇信仰的瑞兽之一。早在原始社会时期，象就已经成为一些氏族图腾崇拜的对象，今天的东南亚、南亚次大陆以及中国南方（如云南）等地区还有着浓厚的象崇拜文化气息。在尧舜禹时代，就有用象来耕种的传说。唐代专门记述云南地方志和民族史的著作《蛮书》中即有“茫蛮部落，并是开南杂种也。茫是其居之号，蛮呼茫诏，从保山城南先进唐封，以至凤兰直、以次茫天连、以次茫吐薅，又有大赕、茫昌、茫盛恐、茫鲊，皆其类也……孔雀巢人家树下，象大如水牛，土俗养象以耕田，仍烧其粪”及“象，开南以南多有之。或捕得，人家多养之，以代耕田……”的记载，可见象确实是古代农耕的得力助手。或许是象与农业的关系太密切，同时象又是寿命较长、体型硕大、行走稳健的瑞兽，于是便赋予其太平有象的寓意。据传禹接受舜禅让后，“分天下为九州，悬钟鼓求直言，立德教谕万民，四方皆归王化”，其时舜陵墓所在的九嶷山突现白象刨土、彩雀衔泥共筑舜陵的瑞兆，这应该是关于太平有象最早的传说。

将象的形象装饰到器物上，是古人对太平有象美好愿景的企盼。1975年湖南省醴陵市狮形山出土、现藏于湖南省博物馆的商代青铜象尊是早期象造型器物的杰出

代表作品。这件尊为酒器，做象形，象鼻与腹相通，可做流口，背上有椭圆形口，酒可以从此口注入，是一件既具艺术性，又具实用性的青铜器。[1] 而从该器物的用途也可看出象与农耕文化的关系。

随着佛教信仰的盛行，太平有象的题材逐渐加入了佛教的因素。佛传故事里，关于八相成佛的故事中，就有大量有关象的元素。比如“乘象入胎”、“夜半逾城”二相中都有象，以德行著称的普贤菩萨的坐骑也是“六牙白象”。唐宋以后，随着菩萨信仰的脱颖而出，以象为造型的器物上所驮的宝物也多以宝瓶充之，同时，带有佛教因素并表现太平有象的题材在雕塑、壁画、音乐中也多有体现。南宋著名诗人陆游曾写道：“太平有象天人识，南陌东阡捣麦香。”可见集农业文化和佛教气息于一身的象在那时已经被赋予了太平、喜气的用意，由此太平有象的内涵也进一步抽象升华，寓意“天下太平，天天喜象”。

清代乾隆年间，瓷器生产技艺处于康雍乾盛世的后期，寓意吉祥的陈设瓷五花八门，层出不穷，其中，以“太平有象”为题材的陈设瓷即属于当时的首创。太平有象瓷器品种比较多，既有青花器，也有粉彩器、景泰蓝彩器等品种，并且这些瓷器基本上均为官窑产品。这类瓷器目前存世较多，比如南京博物院藏粉彩太平有象尊，象背上所驮葫芦形宝瓶与象身连通，彩带、披搭均用粉彩绘饰，精湛的工艺突显出了器物的与众不同。

1 笔者注：参见“湖南省博物馆网”之“藏品精粹”。

清道光

青花釉里红百鹿图鼻烟壶

清道光青花釉里红百鹿图鼻烟壶1987年出土于北京市海淀区德胜门外北顶村，现藏于北京市海淀区博物馆。壶高8.3厘米，口径1.1厘米，足径2.1厘米。直口唇边，短直颈，丰肩，直腹，圈足，整体造型为炮仗状。器身通体施透明釉，用釉下青花釉里红绘制百鹿图案，其中用青花勾勒线条，以釉里红浅淡填色，在山水葱茏间，群鹿有的戏水，有的狂奔，有的闲卧，有的嬉戏，一派自然界的欣欣向荣景象。外底圈足内书有"大清雍正年制"三行竖写六字篆书款。

青花釉里红是瓷器装饰中的釉下彩品种之一，是指将以钴料为着色剂的青花和以铜为着色剂的釉里红同时装饰在瓷胎上，覆以透明釉，一次入窑烧制而成，从而使瓷器呈现出蓝、红相间、永不褪色的效果。由于钴料与铜的化学性质相异，二者对烧成条件的要求也不相同，因此，将两者在同一器物上烧制成功的难度是非常大的。根据现有资料，青花釉里红瓷器最早烧成于元代，如1965年在河北省保定市窖藏出土、现藏于故宫博物院的青花釉里红镂雕盖罐就是当时这类器物的代表作。该器体型高大，造型丰满，装饰纹样丰富，以青花、釉里红分别绘制花卉、山石、莲瓣等，蓝、红两种色彩互为衬托，交相辉映，呈现出传统中国画的艺术效果。青花釉里红继元代兴起后，在明清两代有两个发展高峰期。其中，明代初期永乐、宣德年间的青花釉里红瓷器数量较多，质量也较高。到了清代，随着康熙时期瓷器制造业的兴盛，青花釉里红品种也得到了复兴和发展，直至雍正时期，青花釉里红品种的烧制才达到了又一历史发展高峰。雍正时期任景德镇御窑厂督陶官的唐英在其撰写的《陶成纪事碑文》中就有关于青花釉里红的记述："釉里红器皿，有通用红釉绘画者，有青叶红花者。"乾隆以后，该品种瓷器的烧制逐渐呈现衰落趋势。这件器物为清代道光时期署前朝款的仿品，因其青花主要用于表现线条，而用少量浅淡的釉里红填色其间，所以，这种风格的青花釉里红装饰也被称为"青花加紫"。

把鹿作为陶瓷装饰纹样最早出现于新石器时期，比如仰韶文化彩陶上就用鹿纹作为装饰，这也是原始狩猎生活在手工业上的反映。自此以后，历代陶瓷器中的鹿纹装饰得到了更多地采用，并且鹿的造型、组合也不断变化和拓展，如唐代长沙窑体态轻盈的奔鹿、宋代磁州窑拟人化的戏鹿、元代耀州窑憨态可掬的驯鹿等都是时代造就的杰出作品。明代更是把鹿纹与庶民文化进一步融合，以谐音"禄"和寓意吉祥、富裕的意思广泛应用于各种手工业领域，其中尤以瓷器装饰为盛。清代乾隆年间烧造的粉彩百鹿图尊，使鹿纹的庶民文化内涵得到了空前的发展，并为道光及以后各朝所推崇和模仿。这个时期的代表器首推故宫博物院收藏的一件署乾隆款的粉彩百鹿图尊，主题纹饰以青山绿水为背景，百鹿奔跑、嬉戏、休闲于其中，尽显大自然的和谐与畅意。

这件出土于昔日京城郊外平民墓中的小巧鼻烟壶，将青花釉里红工艺和寓意吉祥福禄的百鹿图集中表现在一件器形小巧的日用器物上，使我们隐约可以感受到当时韵味十足的京味文化中市井生活的气息。

玉器

明代

玉带板

海淀区出土的众多玉器中，为数较多的玉带板无疑最具代表性。据不完全统计，在海淀区发现的明代墓葬中，出土有玉带板的墓葬多达几十处，这些玉带板分别收藏于北京市文物研究所、首都博物馆和海淀区博物馆等处。由于条件所限，笔者仅就收藏于海淀区博物馆的部分玉带板进行介绍，并对其所蕴涵的相关文物信息进行粗浅探讨。

一、玉带板简况和初步分析

1. 基本情况

海淀区出土玉带板的地点比较多，从分布区域来看，主要集中在金山以南的山前地区。其中，又以明代太监所建寺庙周边的墓葬，以及其他明代太监墓葬比较集中的地区出土数量为多，比如明代五塔寺、双林寺附近和魏公村、八里庄等处。具体出土分布情况如下：

（1）1984年中国农业科学院出土玉带板7块，包括铊尾1块、排方2块、圆桃2块、辅弼2块。白玉质地。正面剔地平雕四爪龙纹、喜鹊、蝙蝠、植物花卉、灵芝如意纹饰，四边留有边框，正面打磨抛光，有玻璃光泽，背面未经打磨，保留有麻地。方形带板背面四角有对穿孔，桃形带板背面的对穿孔呈三角形分布。需要特别注意的是，这组玉带板，除辅弼外，其他均正面雕龙纹，在背面龙头正对应的部位，有用管钻工具凿磨出的凹陷图案，且图案均似龙头及龙角轮廓，这种现象对研究当时玉器制作工艺有着比较重要的参考价值。

（2）1985年五塔寺东太平庄明代太监墓群共出土玉带板25块，包括方形18块、桃形7块。出土时墓葬已经被破坏，但是这些玉带板显然不是同属于一条玉带上的。其中，白玉镂空雕龙纹玉带板10块应该共属于一条玉带，包括铊尾1块、排方7块、辅弼1块、圆桃1块。采用双层镂空技法雕刻而成，上层采用剔地平雕技法雕刻出四爪龙纹和灵芝纹，下层采用钻孔穿透碾磨技法表现缭绕的层云，刻画出飞龙翱翔于云端的动感神态。玉带板正面的纹饰及边框边缘经过打磨，突出了线条的表现力和玉质的莹润，背面未经打磨抛光，稍显草率，方寸之间，透露出明代玉器工艺的“粗大”风格。

（3）1986年八里庄杜茂墓出土玉带板10块，包括铊尾2块、排方5块、辅弼2

块、圆桃1块。白玉素面，玉质莹润无瑕，正面打磨精细，光滑滋润，背面未经打磨，留有粗糙的麻地，背面四角有牛鼻穿。出土时正面附着少量很薄的丝织物残片。（图一）

（4）1986年花园村西出土玉带板12块，包括大长方形8块、辅弼2块、桃形2块。

（5）1988年紫竹院公园出土玉带板20块，是一套完整的明代万历时期玉带板，包括3台、6桃、2辅弼、7排方和2铊尾，一字排开后总长度约为150厘米。玉质为白玉，有绺痕。器物采用剔地平雕技法，即在平面玉料的基础上，剔掉主体纹饰之外的空白处，进而突出主体纹饰。玉带保留了四面边框，纹饰有葫芦、江芽海水、寿山、植物花瓣组成，并在纹饰中间加入“万年大吉”的字样，其中“万”字用两个方向相反的“卍”来代替。两个对称且方向相反“卍”的排列方式和形状与1957年定陵万历皇帝地宫出土的一件白玉带链执壶上的装饰纹饰完全一致。（图二）

（6）1989年学院南路出土玉带板13块，包括长方形8块、桃形5块。

（7）1990年蔡公庄出土玉带板11块。

（8）1991年上园饭店出土玉带板20块。

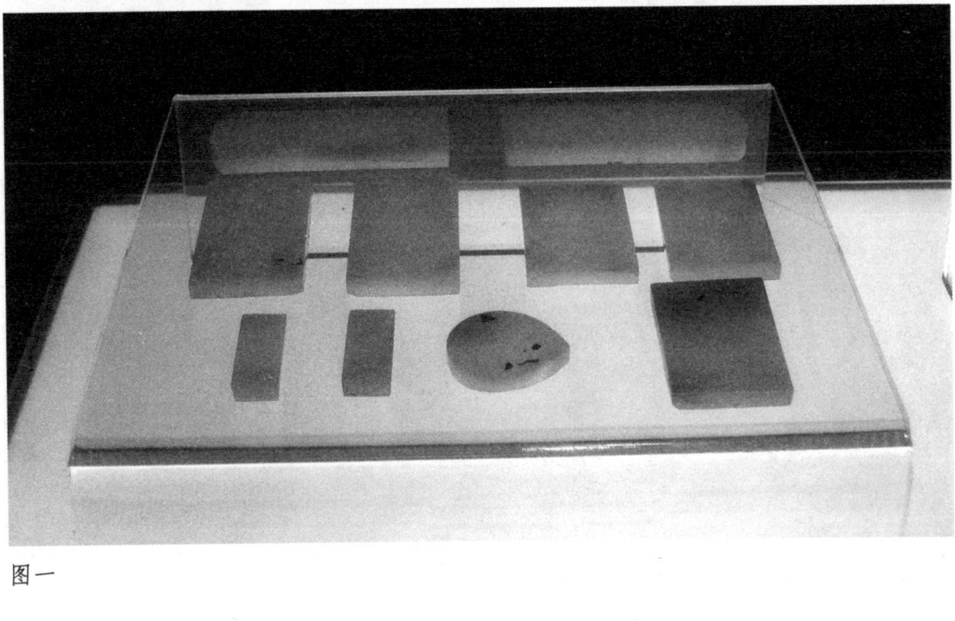

图一

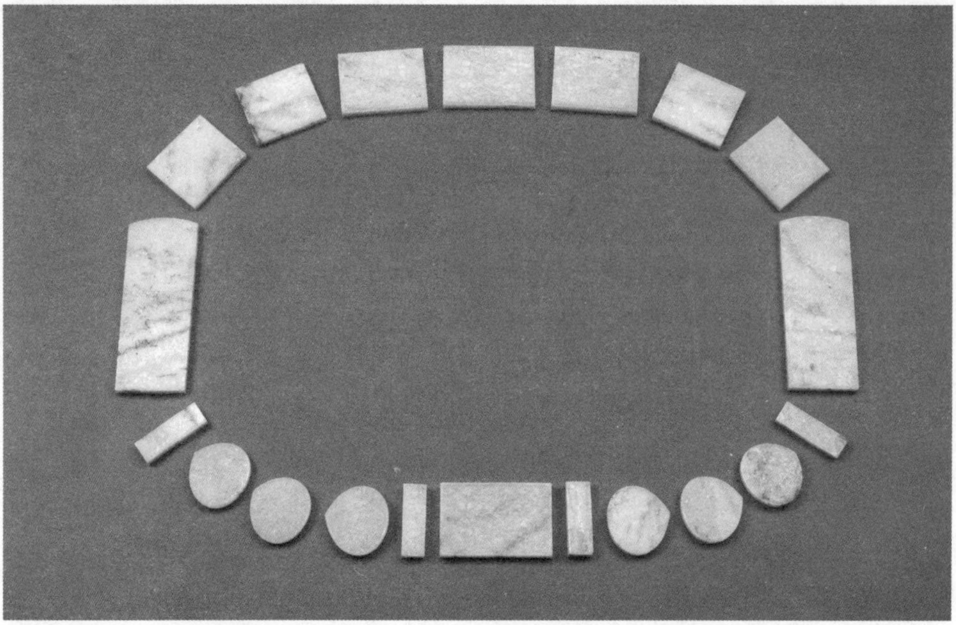

图二

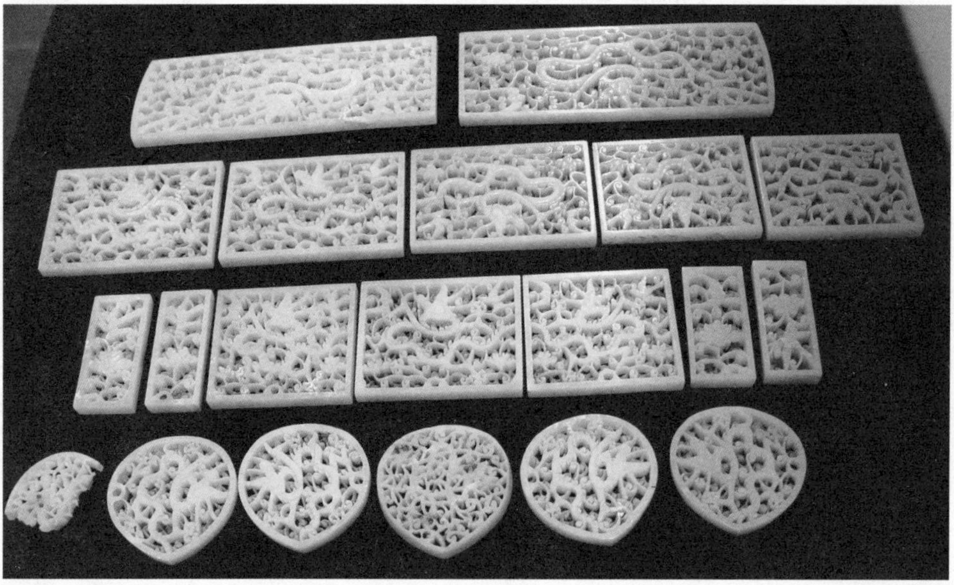

图三

（9）1994年安河桥出土玉带板11块，包括铊尾2块、排方6块、辅弼1块、圆桃2块。白玉无杂质，素面。正面和侧壁打磨光滑，背面留麻地，未抛光。四角有管钻对穿孔，圆桃背面为两组对穿孔，区别于其他玉带中圆桃三组对穿孔的做法。

（10）1997年北京理工大学李瑾墓出土玉带板6块，其中铊尾2块、排方2块、圆桃2块。白玉质地。光素无纹饰。正面及侧面打磨光滑，背面有对穿孔，在穿孔对应的部位有非常严重的红色沁，应该是因附缀革带所用的金属腐蚀所致。

（11）2003年六一幼儿园出土玉带板20块。（图三）

2．玉带板的组合数量、纹饰及工艺特征

根据以上出土玉带板的基本情况可以看出，每套玉带所配置的玉带板均少于或等于二十块，并且都包括了铊尾、排方、辅弼、圆桃的组合。由此说明，这些玉带板的规制在数量和造型的组合上是统一的，即一套完整的玉带应由二十块玉带板组成，包括二铊尾，七排方，三台，六圆桃，二辅弼。这与清康熙时期反映明清之际自然科学和社会科学状况的著作《通雅》关于“带”的记载相一致：“今时革带，前合口曰三台，左右各排三圆桃。排方左右曰鱼尾（铊尾也称鱼尾），有辅弼二小方。后七枚，前大小十三枚。”

关于明代玉带使用二十块玉带板定制的问题，虞海燕老师曾进行过严谨而科学的分析，认为从明永乐时期开始就已经确定了玉带使用二十块玉带板的定制，并且经历了洪武至永乐“从嬗变走向统一”的早期、洪熙至正德“稳定”的中期以及嘉靖至崇祯“鼎盛”的晚期。[1] 海淀区博物馆所藏的明代玉带板在时间上早至成化，晚至明代末期，整体上属于已经定制的时期。

这些玉带板的纹饰包括动物纹、植物纹、云纹、海水、山石、文字等。动物纹以龙纹为最多，并居于主体纹饰地位，有侧面龙，也有正面龙，均为四爪龙。（图四）根据墓志记载，太监的玉带均来源于皇帝的赏赐，并且多以“蟒衣玉带”的形式出现，这也印证了明代“五爪为龙，四爪为蟒”的定制。其他动物纹饰还有蝙蝠、喜鹊等，植物纹有葫芦、灵芝、花卉等。有文字装饰的玉带板仅一套，为“万年大吉”。（图五）

根据玉器工艺类型，可以将上述玉带板分为三类：一为素面玉带板，以八里庄杜茂墓出土的玉带板为代表；二为浮雕玉带板，以紫竹院公园出土的玉带板为代

图四（1）

图四（2）

表；三为镂空雕玉带板，以六一幼儿园出土的玉带板为代表。其中就数量来说，又以素面玉带板为多。无论是素面还是有纹饰的玉带板，其正面和侧面均打磨光滑，有玻璃光泽，而背面无一例外的未经打磨，正反两面形成了鲜明的对比。从农科院出土的玉带板背面管钻痕迹分析，很可能是玉器工匠在正面雕琢时为了定位而打的

图四（3）

图四（4）

图五

标记，以上种种工艺痕迹将“粗大明”的时代风格表露无遗。值得一提的是，这些玉带板在制作中大量使用管钻技术，管钻工具直径均比较小，但很僵硬和锋利。

3．玉带板主人情况

以上出土的玉带板中，太平庄、上园饭店、安河桥、北京理工大学墓葬中都同时出土有明代太监墓志，而紫竹院公园、六一幼儿园等处出土玉带板地点的周围也大多出土过明代太监墓志。结合1999年地质力学研究所出土的明万历尚衣监掌印太监杨公墓出土玉带板20块（现藏北京市文物研究所）的情况，我们基本上可以得出如下结论，即海淀区出土的上述玉带板几乎都与明代太监有关。

在明代礼制中，玉带的使用是有着严格规定的。据《明史·舆服志》记载：洪武元年，皇帝冕服“革带佩玉，长三尺三寸”；洪武二十六年，文武官朝服“一品……革带与佩俱玉……二品……革带，绶环犀……三品……革带金，佩玉……四品……革带金，佩药玉……五品……革带银，鈒花，佩药玉……六品、七品……革带银，佩药玉……八品、九品……革带乌角，佩药玉”。但是，随着朝廷对文武官员例外“赐服”逐渐增多，玉带的使用也逐渐出现了越制的情况，比如《明史·舆服志·历朝赐服》载：“文臣有未至一品而赐玉带者，自洪武中学士罗复仁始。衍圣公秩正二品，服织金麒麟袍、玉带，则景泰中入朝拜赐。自是以为常”。尽管如此，文献记载中并没有关于太监使用玉带的规定。不过，根据上述与玉带板一同出土的墓志资料可以看出，玉带除了用于皇帝、王公贵戚、文武百官之外，许多太监也受到了赏赐“蟒袍玉带”的典遇。伴有玉带出土的北京理工大学明正德十一年（1516年）神宫监太监李瑾墓志就记载有墓主人成化二年（1466年）被赐“蟒衣玉带”的事实，八里庄明泰昌元年（1620年）司礼监秉笔太监杜茂墓志中也记载墓主人曾于万历年间受赐“蟒纻者二，玉带者一”。除此之外，历年来在海淀区出土的其他明代墓志中也多有受赏赐玉带的记述。如明弘治尚膳监太监刘赟墓志、公主坟出土的明正德司礼监太监高凤墓志、索家坟出土的明正德御马监太监李公寿藏记铭、明万历司礼监掌监事太监成敬墓志、明天启司礼监太监邹义墓志等等。可见至少在明代中期就已经有赏赐太监玉带的先例，并且这种情况一直持续到此后的整个明代，这也从一个侧面反映了明代太监在朝廷政治生活中的重要地位。

二、玉带的由来和历史发展脉络

在古人的服饰中，衣带是非常重要的组成部分。一般来说，古人的衣带分为“大带”和“革带”，大带用以系束外衣，革带用以悬挂佩物，比如两汉时期盛行的剑璏就是用来连接革带和佩剑的用具。衣带不仅兼具实用性和装饰性，而且还有表示佩带者身份和地位的象征作用。这种象征作用体现在两个方面，一是衣带的使用和称谓男女有别，据《说文解字》载："带，绅也。男子鞶带，妇人带丝"。鞶带即指革带，也就是说，革带是男子专用的衣带。二是根据革带质地、规格、颜色的不同，来表示佩带者的不同地位和身份。比如根据《玉藻》记载可知，在上古时期，诸侯和大夫用素丝带，士用装饰有黑边的练（即经水煮而比较洁白的丝）。[2]

随着民族文化的大融合，大约在南北朝时期，在用皮革制成的鞓上缀以金带板、玉带板的金带和玉带开始出现，并很快流行起来。考古发现中最早的玉带为1988年在陕西咸阳机场北周若干云墓出土的玉带。该玉带共由20块玉带板组成，包括9块带孔圆形，9块方形（其中8块带环），1块倭角长方形，1块加带扣的长方形。（图六）玉带用青玉磨制而成，光素无纹饰，呈现出简单朴素的风格，与汉代繁复精美的玉器制作工艺形成了鲜明的对比。根据《旧唐书》载"銙之原来用途，在于受环，环则所以悬物，而物均悬于背后"可知，带玉环的方形玉带板实际名为"銙"，而此时的玉带还保留有悬挂佩带物件的实用功能。事实上，玉带用于悬挂物件的实用功能至晚在元代还很流行，比如出土于上海松江西林塔的元代云龙纹玉带板即带有环。

唐代对玉带和金带的使用有着严格的规定，使得玉带的实用功能彻底被象征地位尊卑制度的政治职能所取代。《新唐书·舆服志》载："紫为三品之服，金玉带銙十三；绯为四品之服，金带銙十一；浅绯为五品之服，金带銙十；深绿为六品之服，浅绿为七品之服，皆银带銙九。"另据《唐实录》记载："天子以玉，诸侯、王、公卿、将相之带，二品以上许用玉带。天子二十四銙，诸侯王将相许用十三銙而加两尾焉。带有光素之分，龙纹、万寿、洪福等琱纹之带，唯天子方得使用，

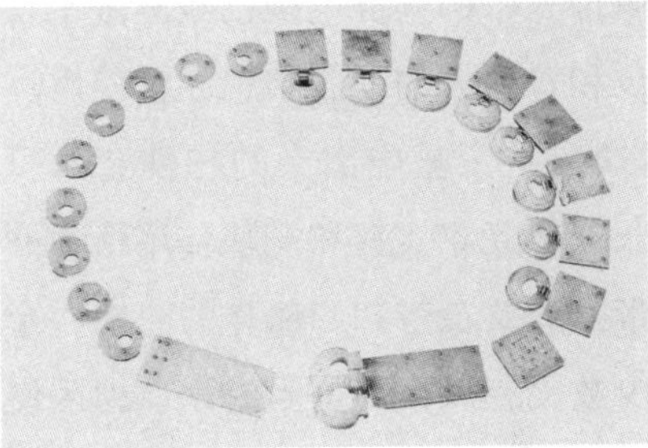
图六（源自张明华：《中国古玉发现与研究100年》第132页）

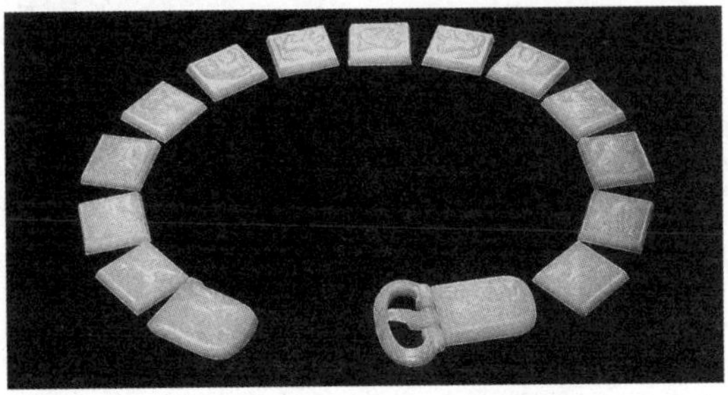
图七（源自张明华：《中国古玉发现与研究100年》第138页）

图八（源自张明华：《中国古玉发现与研究100年》第141页）

诸侯王、公相，龙纹诸带非敕赐不得使用也。”由此可知，玉带在唐代比金带等级要高，只有二品以上的官员才可以使用，三品官员也只能使用金玉带，而不能使用纯玉带。1970年出土于陕西西安市何家村唐代窖藏的一套白玉狮纹带板共由十三銙加两铊尾组成，与《唐实录》记载相符。（图七）在出土的唐代玉器中，玉带板的数量很多，其中最为精美的一件当属1992年在陕西长安县窦皦墓出土的一件金框宝钿玉带。（图八）这件玉带复原后总长约150厘米，由扣、銙、环、扣眼、蹀躞带尾饰及鞓组成。鞓为皮质，裹以丝绸，出土时已朽蚀。銙、环、蹀躞带尾饰皆以玉为缘，内嵌珍珠及红、绿、蓝三色宝石，下衬金板，金板之下为铜板，三者以金铆钉铆合，造型精美，工艺奇特，充分反映了当时玉带制作的高超水平。

宋辽金元时期，随着金带在政治生活中的备受推崇，玉带在政治领域逐渐没落的同时，却越来越趋向于世俗化和大众化。玉带的使用在地域上更为广泛，在应用领域上也增加了宗教文化内涵在其中，佩饰玉带的人群范围已经不限于官员，在歌舞乐伎和普通人的便服中也经常使用。1958年吉林省扶余县金墓中出土的一件金扣玉带，由十八块长方形光素玉銙和一块铊尾用金铆钉连缀于马尾带上。黄金带扣和佩挂的海螺、金环具有明显的少数民族风格，是当时东北地区使用玉带的例证。1969年河北省定县静志寺真身舍利塔墓中出土的一件青玉云雁纹铊尾，反映了玉带与宗教之间的关系。1996年上海嘉定县嘉定镇法华塔元代地宫中出土的一件白玉圆雕舞人，高4.7厘米，宽1.8厘米，舞人造型为高冠、耳朵戴莲瓣纹护耳套，身着北方少数民族圆领窄袖长裙，腰束一条玉带，脚着尖头鞋，四肢协调运动做翩翩起舞状。这件元代玉雕也反映了玉带在各族人民日常生活中的普及程度。

明代，随着封建中央集权制的加强，统治者极力推崇唐代礼制，玉带的使用也重新被高度制度化，并且随着资本主义生产关系的萌芽和玉器制作工艺的提高，明代玉带无论在数量上还是质量上都达到了历史上的又一个高峰，各式各样的玉带成了朝廷用玉中的重要组成部分。考古资料中，仅北京市昌平区定陵出土的玉带就达十一条之多，并且在北京、南京等地的王侯、公卿、太监墓中都出土有玉带或玉带板。清代，朝廷提倡满族服饰，玉带也随之慢慢退出了政治生活的舞台。

三、明代玉带板的时代特征

就明代玉带板自身的整体时代特征而言，许多学者长期以来开展了大量的系统研究工作，取得了丰硕的成果。上海博物馆古玉器专家张明华先生将明代玉带板的整体时代特征作了如下几方面的总结：（1）用材方面，明中期以前多用白玉、青玉，晚期多用青玉、灰玉；（2）工艺方面，早期工艺沿用元代以来透雕深钻技法，中期用剔地浮雕法，晚期再现二层、三层甚至多层镂雕，边框较窄，边框与主纹相平，尺寸灵活多变；（3）纹饰方面，早期喜用整株大朵花卉纹，豪放富丽，中期素面较多，晚期纹饰丰富，常以龙纹或麒麟纹做主纹，以缠枝花卉做底纹，在四角装饰如意、双角、锭升、古钱、松石、珊瑚枝、卍字纹等吉祥图案。[3]

考古出土的明代早期玉带板多集中在江苏省南京市周边的明代朝廷高官墓中，这与南京作为明代早期都城的地位有密切关系。同时，明代早期被分封的藩王和重要官员所在的地区，如江西、山东、河南等地的许多明代墓葬中也曾出土过玉带板。

明成祖永乐十九年之后，都城北迁，此后出土的玉带板也随之多见于北京地区的皇室成员、高官显贵和太监墓葬中。海淀区由于地处明代北京城的西郊，水草丰美，风景如画，金山地区因此被皇室辟为北京地区仅次于昌平天寿山陵区的皇家陵寝区。另一方面，随着明代太监政治的泛滥，许多太监也在海淀区兴建了众多的庙宇道观，以便年老出宫后有栖身之所，死后也多埋葬在庙宇道观附近，其生前由

图九（源自程利：《地质力学所出土明太监墓》，载《北京文博》2000年第1期彩一）

皇帝赏赐的玉带也往往一同陪葬。（图九）与此同时，这些太监墓出土的众多玉带板也体现出鲜明的时代和地域特征。时代特征表现在其基本均为明永乐迁都之后的墓葬所出，且在明代各朝皇帝更迭中表现出比较完整的延续性，为研究明代的玉带规制提供了较为系统的实物资料。地域特征则表现为玉带板的出土环境与其他省、市、区多出于藩王墓的情况有着很大的不同，包含了很多的太监生活的因素。另外，在工艺特征上，海淀区出土的明代玉带板既有素面，也有浅浮雕、深浮雕、透雕等多种工艺；在纹饰搭配上，这些玉带板包含了众多的宫廷和民间文化艺术内涵，在玉带规制上与北京其他地区如定陵、石景山等处出土的玉带板相辅相成，这对明代乃至我国整个历史时期的玉带规制研究方面都有着重要的参考价值。

1　虞海燕：《论考古出土的明代玉带之形制工艺》，《北京文博》2008年第2期。

2　许嘉璐：《中国古代衣食住行》，北京出版社，2002年第1版第35页。

3　张明华：《中国古玉发现与研究100年》，上海书店出版社，2004年第1版第330页。

“连生贵子”玉佩饰

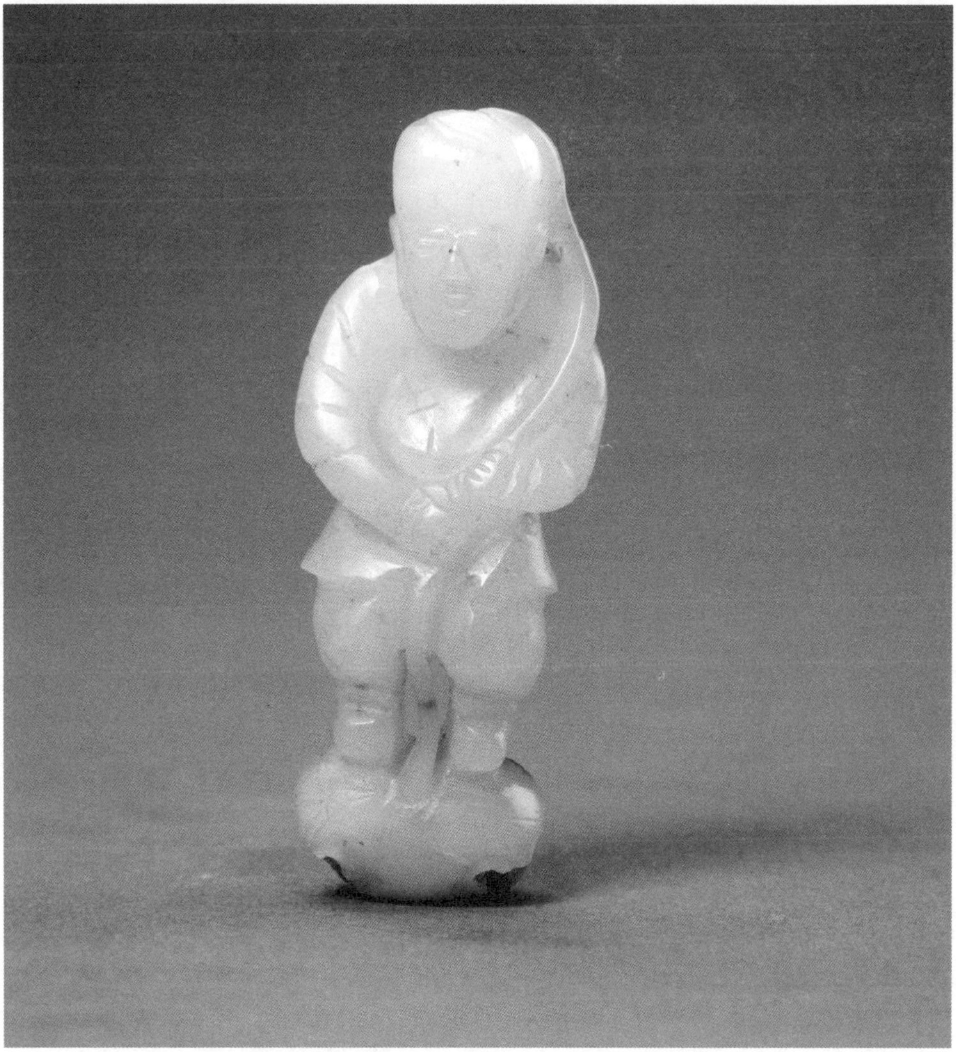

明代“连生贵子”玉佩饰1983年出土于北京市海淀区大泥湾，现藏于北京市海淀区博物馆。高5厘米，宽1.6厘米，厚1.2厘米。佩饰为一名男童立于荷叶上的造型，荷叶向下翻卷，男童手执莲梗举于肩部。莲梗与耳朵交会处有穿，用于系绳佩带。人物脸型较长，头顶留有发绺，额头大而高阔，长耳肥腮，眼鼻嘴集中于面庞中下方，鼻子呈三角形，双眉紧锁若有所思，身着右衽短褂和肥腿长裤，煞是可爱。玉质为和田白玉，温润如脂。器物采用圆雕技法，多用较宽的短阴线表现衣褶起伏，尤其是胸部仅用少数几笔就将右衽短褂表现得唯妙唯肖。器物在制作过程中不注重抛光，尤其在凹陷处还有制作时留下的所谓“麻地”现象。从器物整体来看，纯净的玉料、传神的人物造型、简洁明快的制作工艺共同反映出其设计精巧、技艺娴熟、追求神态气韵等特点。

“连生贵子”的艺术题材来源于中国民间传统文化领域，完整的连生贵子图案包括莲花（或荷叶、莲蓬）、笙箫（或花生）、桂圆（或桂花）、童子。在民间素以荷莲的果实称为莲子，以莲来表示连续不断的意思，“笙”与“生”、“桂”与“贵”同音，另以童子代表男丁，寓意人丁兴旺。后来“连生贵子”的图案组合多有取舍变化，这件器物即是用荷叶代替莲花，并省略了其他内容。根据《尔雅·释草》记载：“荷、芙蕖，其实莲。”又《尔雅疏》记：“北人以莲为荷。”该器正是这种“莲荷并称”现象的反映。

“连生贵子”题材早在唐代耀州窑瓷器的装饰中就已经出现了，宋代时开始在玉器制作中广泛使用。如1973年黑龙江省绥滨县金代墓葬中出土的一件玉雕童子像。玉童头戴纱帽，身着短衣长裤，右手下垂，左手执荷苞背于肩上，脖子上佩项圈，前腿微曲，后腿翘起，做跳跃状，散发出童子活泼优美、生机盎然的生活情趣。北京故宫博物院收藏的一件宋代玉雕莲花童子像，高7.2厘米，宽2.8厘米，厚1.1厘米，属清宫旧藏。白玉质地，童子上身穿对襟短衣，衣带随风后飘，下身着肥裤，眼大鼻高，头微向左侧斜撇，双手执一枝莲花，花瓣置于头顶上方，具有宋代此类作品的典型特征。

宋代及之后的元明清时期，随着玉器在使用上逐渐脱离以前身份等级限制的束缚，玉器消费也很快普及到一般平民阶层，如南宋时杭州出现的专门收藏和经营珍宝玉器的“七宝社”就是市场需求旺盛的反映。[1] 与此同时，为了满足市场需求，玉器在题材和工艺制作上所表现出的世俗化色彩也愈来愈浓，与人们期望居官显贵、生活富裕、祛邪辟恶、生育繁衍等愿望有关的题材大量涌现出来。明清时期除了圭、璧等玉礼器外，装饰类、生活用具类、陈设类玉器已经成了社会日常生活中不可缺少的必需品。明代北京是玉器制作和消费的主要地区，平民购买和使用玉器与其他地区相比也有许多便利条件，在海淀区出土的明清平民墓葬中，有很多都陪葬有玉器的情况就说明了这一点。

1 杨伯达：《中国古代玉器发展历程》，载杨伯达主编：《中国美术全集·玉器编·序》，文物出版社，1997年第1版第17页。

明

蟠螭纹白玉带扣

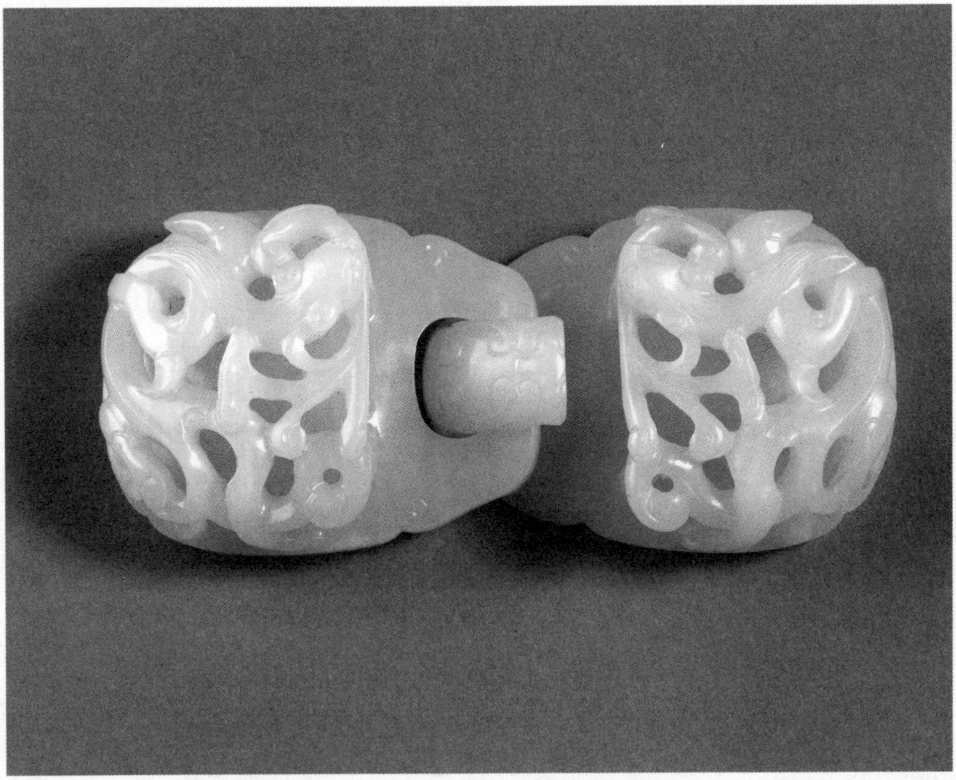

明代蟠螭纹白玉带扣1987年出土于北京市海淀区中关村中国科学院，现藏于北京市海淀区博物馆。带扣由子扣和母扣组成，子、母扣均为长方形倭角，背面各有一个圆形纽，扣合后总长11.5厘米，宽4.8厘米。和田白玉质地，纯净无杂质，细腻莹润，具有蜡质感。带扣采用高浮雕与镂空雕相结合的制作工艺，子、母扣正面分别雕出螭虎口衔灵芝图案。螭虎无角，长鬃毛披于头顶并延伸至前足部，眼鼻口集中于三角形面庞的下方，尾部卷曲，四足与身体相互缠绕，口衔灵芝做爬行状。纹饰突出器表很高，镂空手法的运用充分展示了螭虎的敏捷可爱和图案整体的空间感。子扣榫头用浅浮雕手法雕饰兽面纹，兽面为猫鼻、大眼、长角高耸，威猛严肃。器表打磨精细，抛光效果很好，但背面及镂空处做工则较为粗糙，有麻地现象，“粗大明”风格表现得比较明显。（图一）

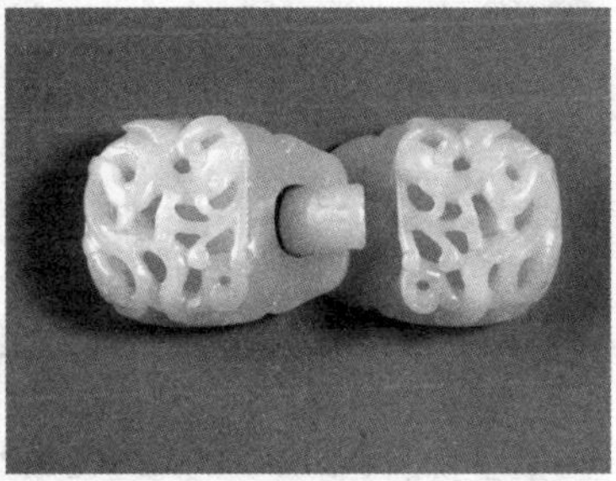
图一

出土于陕西省西安市莲湖区土门、现收藏于陕西省西安市文物保护考古所的一件蟠螭纹玉带扣与这件器物的装饰题材及风格相类似。西安出土的带扣为青白玉质地，长5.9厘米，宽5厘米，厚1.7厘米，呈倭角长方形，正面外凸，背面内凹，正面边缘刻一周阴线框，内浮雕两条大小不一的螭虎，大螭虎口衔灵芝，回首顾盼，四肢攀枝，曲体摆尾，小螭虎尾随其后争抢灵芝，螭虎腿部弯成方角，背面边棱内雕扁方形扣舌，对应的一边镂出一条长方形孔，以便于革带相连，子扣榫头上以阴线雕出兽头纹饰。

1962年北京市密云县清代皇子墓出土的一件白玉螭龙纹带扣，通长13厘米，扣直径6.5厘米。带扣白玉质，细润光亮，纹饰中有土锈，用整块玉套雕而成，分子扣和母扣。正面镂雕两只盘螭，中心宝珠上螭绕珠而行，宝珠背面凸起一圆柱为纽，方形玉扣上浮雕一兽，并把两扣相连，开合自如。带扣琢刻精细，出土后仍有极好的光泽。这件玉带扣出自清代墓葬，实为明代作品。（图二）

海淀区出土的这件蟠螭纹白玉带扣出土于清代墓葬，但实际也属于明代作品，这与密云出土的螭龙纹带扣情况类似，并且两件器物的整体风格呈现出非常相似的特点。而在海淀区清代墓葬中出土明代玉器的例子还有很多，最典型的是海淀区索

图二

家坟清黑舍里氏墓出土的青白玉夔凤纹子刚款尊，这件子刚款尊是目前所仅见的明代著名玉器大师陆子刚的题款玉器。

古人服饰在没有使用纽扣之前，都是在腰间束以腰带，而用于腰带两端系结的部件则为带钩或带扣。带钩常用于绵软的丝织大带，带扣常用于较硬的革带。据考古资料显示，早在新石器时代的良渚文化墓葬中就发现有玉带钩。战国、秦、汉时期，各种造型的带钩数量突然增多，并且造型各异，制作精美。东汉以降，带钩的数量急剧减少，至东晋以后更是成为罕见器物。即使偶有玉带钩出现，其风格也与汉带钩相类而不见创新变革之处，研究者称这一阶段为玉带钩制作使用的衰落期。究其原因，应该与带扣从游牧地区传入中原有着很大的关系。

带扣出现于春秋战国时期的北方草原游牧地区，早先用于马身上的束带结，后来转用到服饰腰带上。文献中早期带扣名称较多，如称鲜卑、犀比、师比等。上海博物馆收藏有一块南朝刘宋时期的镂雕行龙纹白玉残带具，背面有“白玉衮带鲜卑头”字样，和《楚辞·大招》王逸注“鲜卑，衮带头也”的说法相合。（图三）《后汉书·舆服志》及《隋书·礼仪志》中记为“带”，宋《礼书》中又称为“钩鲽”。魏晋南北朝时期，军阀混战，北方游牧民族南下入主中原，在民族大融合的过程中，带扣也逐渐取代了中原地区常用的带钩，无论是革带还是大带都使用带扣，使之成为系结腰带的主要用具。带扣与带钩虽然都是系结腰带的实用器和装饰品，但两者的区别还是非常明显的。带扣比之带钩具有使用方便、结构合理、结实牢靠等优点，因而传至中原地区后很快受到人们的欢迎并迅速使用、传播开来。

带扣的形制除了文中提到的子母扣式外，还有类似于今天我们所系腰带上的带扣针式带扣。河北省定县出土的北魏太和五年（481年）石函中，有一件带活动扣针的银制马蹄形带扣，是已知最早的南北朝带扣。另外，在河南省洛阳市发掘的24号西晋墓发现有附带扣针的动物纹镂雕带扣和带有纹饰的带銙。江苏省宜兴周处墓发现一副对称的镂雕动物纹带扣（其中一个附有扣针），并配有长方悬蹄形带銙、悬心形带銙、悬圆角方牌形带銙及铊尾，带銙和铊尾均镂雕纹饰，是一套完整而华贵的晋代带具。类似的带扣在广东省广州市大刀山东晋太宁二年（324年）墓、辽宁省朝阳市袁台子东晋墓都有发现。

图三（源自张明华：《中国古玉发现与研究100年》第284页）

清乾隆

“事事如意”玉摆件

清乾隆“事事如意”玉摆件1999年出土于北京市海淀区上地高新技术产业基地迷笛音乐学校院内，现藏于北京市海淀区博物馆。长17厘米，宽9厘米，厚7.5厘米。碧玉质地，表面有绺裂，颜色碧绿，有墨色斑点，色泽自然深沉。采用圆雕技法，根据玉料材质，雕琢出一双丰满硕大的柿子承托着一柄“S”形如意。柿子折枝带叶，并蒂突脐，如意呈灵芝形云头状，握柄处支生出两片小灵芝，茎部用平行阴线表现出纵向的植物质感。器物整体设计精巧、雕工细腻、打磨光滑，属于清乾隆时期宫廷陈设器。（图一）

如意是一种象征祥瑞的器物，一般认为起源于秦汉，由一种俗称“不求人”的挠背用具发展而来，清代文献《事物异名录》中有“如意者，古之爪杖也”的记载。早期的如意具有较强的实用功能，常被用来作为宣讲、清谈、记事的道具。随着如意在佛教活动中应用的增强，逐渐被赋予某些意识形态的功能，成为智慧和辩才的象征。敦煌莫高窟第159窟西壁南侧《文殊变》壁画中的文殊菩萨形象即是通过手持如意的造型设计，来体现菩萨的“妙德”与“大智”。陕西扶风法门寺唐代地宫出土的一件银鎏金佛僧如意，表明了如意在当时佛教礼仪中的重要作用。在我国民族融合的历史进程中，如意在促进民族团结与和谐方面也起着独特的作用。《清史稿》中有清代皇

图一

室曾多次以如意赏赐藏传佛教活佛的记载：如乾隆十一年（1746年）三月壬午，“赐哈柳等宴，召见，允其往藏熬茶，颁如意赉之”；光绪十四年（1888年）三月丙寅，“赉班禅额尔德尼转世呼毕勒罕哈达、念珠、如意”等。

据《北史·魏本纪》记载：“初，孝文欲观诸子志尚，大陈宝物，任其所取。京兆王愉等皆竞取珍玩，帝唯取骨如意而已。孝文大奇之。”可见至少在北魏时期如意已经是皇室成员经常使用的日常用具了。在清代的政治生活中，如意在很多领域也充当了重要角色，如嘉庆皇帝在列举和珅罪状时，头一条即为：“朕于乾隆六十年九月初三日，蒙皇考册封皇太子，尚未宣布，和珅于初二日在朕前先递如意，以拥戴自居，大罪一”。同时，如意也经常用于赏赐有功大臣或属国国王，据史料记载，嘉庆年间就曾向朝鲜、琉球、安国（今越南）等属国赏赐了如意。另外，随着如意质地的多样化，它也成了财富的代名词。如《清史稿·觉罗伍拉纳列传》记载：“……籍伍拉纳家，得银四十万有奇，如意至一百余柄。”如意之财富象征可见一斑。

如意的材质有玉、金银、骨、木等多种，其中清代以前大件玉如意实物比较少见，这主要是受大块玉料稀缺、不容易得到因素的影响。清乾隆二十五年（1760年）以后，随着边疆战事的平息，从新疆和田、叶尔羌等地专门供应给皇家御用的玉器原料才丰富起来。据记载，乾隆二十五年至嘉庆十七年（1812年）的五十二年间，从新疆进贡到内廷的玉料就达20多万斤。这为包括如意在内的玉摆件作品的创新和发展提供了坚实的物质条件。与此同时，从清代初期开始朝廷便专设承办御用器物和冠服的养心殿造办处，其中专门设有金玉作。乾隆时期更是专设如意馆，汇集了能工巧匠在如意馆、启祥宫为皇室制作玉器。在大规模组织制造玉器的背景下，宫廷用玉成为这一时期玉器制造和使用的主流。养心殿造办处玉作和如意馆的匠师们加工出了众多的玉器，品种有陈设、器皿、佩饰、册宝、祭器、偶像、文玩、用具、镶嵌等九类。这一时期用玉以青玉、碧玉为多，青玉青中泛白，不含杂色，碧玉色深者如蕉叶，色淡者如绿草，常夹带黑色墨斑。由于许多器物用料厚重，又多采用山料玉，绺裂的情况时有发生。玉器匠师们借鉴绘画、雕刻、工艺美术的特点，运用阴刻、浅浮雕、高浮雕、镂空、俏色等表现手法，所雕器物线条方直、弧度圆滑，风格集中外文化因素为一身，表现出了高超的雕琢功力。而海淀区出土的这件“事事如意”玉摆件充分体现了这些时代特征，可知其应是出自如意馆匠师之手的作品。

随着如意使用范围的扩大和质地的多样化，在造型、纹饰上带有平民世俗风格的如意也得到不断发展。在如意旁边加以柿子、花瓶、鲶鱼、笔锭、万年青等，寓意"事事如意"、"平安如意"、"年年如意"、"必定如意"、"万年如意"等美好的愿景。如1986年出土于海淀区双榆树小区的一件清代"万年如意"镂空白玉牌饰，高5.8厘米，宽4.8厘米。通体镂空，在繁密的蔓叶纹中上下篆书"万年"汉字，两柄如意交叉排列于两字之间，整体布局讲究对称，线条整齐划一，密而不乱，显示了高超的构图技巧和创意，表现出与宫廷玉作截然不同的艺术风格。（图二）

需要注意的是，这件"事事如意"玉摆件的出土环境非常特别，既不是出土于墓葬，也不是出土于遗址、窖藏，而是挖下水道的工人师傅们在距离地表不足一米的地方偶然发现的。发现时还同时出土有一件"大清乾隆年制"款铜胎珐琅锦地开光西洋人物撇口尊。两件器物埋藏时没有足够的保护措施，均为浅坑裸埋。出土地点西南距清代著名皇家园林圆明园非常近，笔者推测这两件器物很可能是圆明园遭劫后被人紧急埋于此处的。

图二

清乾隆

御制诗白玉扳指

清乾隆御制诗白玉扳指1983年11月出土于北京市海淀区皂君庙，现藏于北京市海淀区博物馆。高2.4厘米，直径3厘米。扳指呈圆筒状，一端边缘内凹，由里向外逐渐趋薄，另一端边缘则向外有少许凸出。扳指外壁上下各有一圈回纹装饰带，中间有乾隆御制诗一首，诗文为："缮人规制玉人为，弜沓闿抨是所资。不称每羞童子佩，如磨常忆武公诗。底须象骨徒传古，恰似琼琚匪报兹。于度机张慎省括，温其德美信堪师"。扳指内壁有单圈题字："射鹄恒用"。（图一）

扳指起源于古代狩猎活动中，早期叫韘。使用时，将韘套于弓箭手的右手拇指上，以起到保护手指不被弓弦勒伤的作用。韘的质地比较多样，但制作实用性较强的韘时，所使用的材料还是以皮革为主，而玉韘更多则是为了体现佩带者的身份和地位。受玉料来源局限和用玉规制的限制，玉韘的使用范围仅限于王室成员和一些高级贵族。《诗经·卫风·芄兰》记载："芄兰之叶，童子佩韘。虽则佩韘，能不我甲。容兮遂兮，垂带悸兮。"大概意思是，尽管那位贵族少年手上套着扳指，也不过似那落下的芄兰叶般软弱无力，又怎能像勇士那样保护我呢？而如此幼稚的人却要成为我的丈夫，我的心里既失落又害怕。由此可见，佩带玉韘的人应该是拥有一定财富和地位的贵族阶层。在考古资料中，最早的玉韘当属1976年河南省安阳市殷墟妇好墓出土的一件青玉韘，这件玉韘为圆筒形，下端平齐，上端斜口，可套入成年人拇指。其外壁以双勾线和平地隐起手法雕饰兽面纹，在兽面纹一侧有两个圆孔，相对的一面有勾弦用的凹槽。（图二）可见早期玉韘的确具有实用性，只是随着战争规模和作战方式的变化，以及玉礼制观念的逐渐渗透，玉韘的实用性才越来越削弱，而装饰性越来越显示出来。

清朝统治者在入关前即以尚射而闻名，入关后八旗子弟仍然保留了这一传统。不过，随着战事的平息和玉器商品的普及，在战争中被广泛使用的扳指也完全脱离实用功能，玉质扳指成为八旗子弟手里的玩物和装饰品。这种扳指也被人称为"文扳指"，意指此时的扳指已经脱离了征战等武事。经研究者考证，清乾隆十七年（1752年），乾隆皇帝看到一件进贡的玉扳指，马上被其温润的玉质和精致的工艺所吸引，于是为此作了一首《咏玉韘》诗，诗文内容为："缮人规制玉人为，弜沓闿抨是所资。不称每羞童子佩，如磨常忆武公诗。底须象骨徒传古，恰似琼琚匪报兹。于度机张慎省括，温其德美信堪师。"这首诗不仅把扳指的来源、用途交代得

图一

很清楚，而且引经据典，将古代玉扳指的使用制度作了说明。在此基础上，他结合儒家关于玉与仁、义、礼、信、德之间的关系将玉扳指拟人化，使整篇诗文在宣扬封建礼制的同时，也充满了浪漫主义的色彩。这也是乾隆所作的第一首关于玉扳指的诗，此后便一发而不可收，共作有此类诗赋达五十首之多。

无独有偶，1958年北京市密云县董各庄清皇子墓也曾出土过一件清乾隆御制诗扳指，其诗作内容也是乾隆的这首《咏玉韘》。（图三）相比两件玉扳指，密云出土玉扳指高2.4厘米，直径2.7厘米，两者大小相差无几，扳指外壁的纹饰组合和布局基本相同，制作工艺特点也相一致，可以肯定两件玉扳指都出自于宫廷玉作。

图二（源自张明华：《中国古玉发现与研究100年》第335页）

密云皇子墓在发现时保存情况较好，根据出土的墓葬材料分析，扳指的主人应该是乾隆皇帝的儿子。与之不同，由于出土环境受到破坏，皂君庙出土的这件玉扳指主人的具体身份则不那么明确，只能从扳指内壁的题字“射鹄恒用”来寻找一些线索。《清史稿·志一百五十·兵一》记载：“禁卫兵……其兼尚虞、鹰鹞房、鹘房、十五善射、射鹄、善扑等侍卫，统在三旗额内，俱无定员。”由此可知，“射鹄”应为禁卫兵中的一个兵种，兵源多来自于镶黄、正黄、正白旗子弟，因此，这枚扳指的主人很可能是担任内廷侍卫的满族贵族子弟。无论是皇子还是侍卫，都是与乾隆皇帝关系密切的人，他们所佩带的由宫廷玉作制作的扳指很可能来源于皇帝的赏赐，这也说明当时此类扳指的使用范围是有严格限制的。

图三

清

白玉俏色“和和美美”佩饰

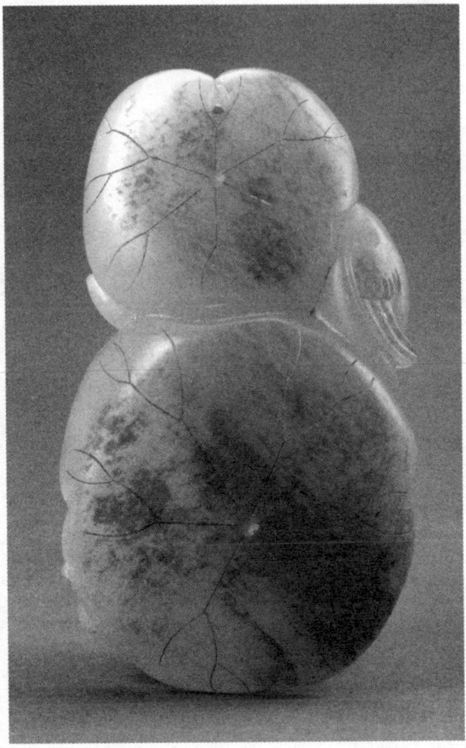

图一（1）

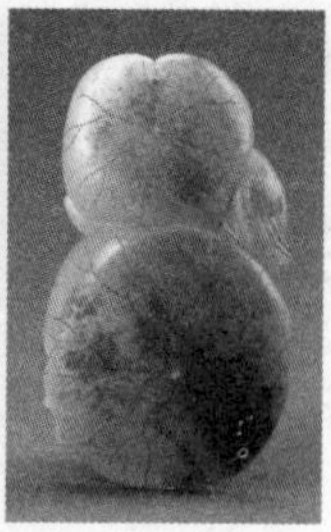
图一（2）

清代中期白玉俏色“和和美美”佩饰1987年出土于北京市海淀区中关村，现藏于北京市海淀区博物馆。长5.7厘米，宽3.3厘米。器物一面留有褐色玉皮，在保留有玉皮原色的基础上，采用俏色工艺，用呈放射状的纤细单阴线塑造出两片硕大的荷叶，荷叶之间露出一只鹅的翅膀。背面白玉洁白细润，用双阴线勾勒出荷叶的脉络，浑圆缠绕的茎蔓与盛开的莲蓬间藏着一只正在休息的白鹅。荷叶上方有穿，穿上有明显的使用磨损痕迹。荷莲与鹅构图紧凑，意趣横生，俨然一幅怡然恬静的世外桃源图画。（图一）

鹅与荷叶是古代常用的吉祥图案题材，既有两者组合在一起出现的，也有单独使用的。无论哪种形式，都是借用鹅与荷的谐音“和”，寓意“和和美美”。莲蓬多子，蕴涵着多子多福的美好期盼。1988年海淀区北三环蓟门桥东南出土的一件白玉俏色鹅荷挂件也属于鹅与荷叶组合的情况。该器长4厘米，宽2.7厘米，鹅呈卧姿回首状，荷叶利用玉皮颜色做俏色处理，鹅脖子处穿孔自然简洁。（图二）

图二

北京地区出土的此类题材玉器还有很多，说明当时这类题材的应用是非常普遍的。

“俏色”也称“巧色”，是指根据玉料原有颜色和纹理对玉器作品进行整体构思，并在整个作品中巧妙利用这些玉料纹理和颜色来突出某些创意主题。根据考古发现，我国俏色技术早在殷商时期就已经运用成熟了。迄今发现最早的一件俏色玉当属1975年在河南省安阳殷墟出土的一件俏色玉龟。（图三）这件玉龟所用玉料分为墨黑和灰白上下两层，根据玉料的颜色特点，玉工将墨黑色部分巧作为龟背和双目，灰白色部分巧作为头、颈、腹和足，这种色泽分明的处理方式使得乌龟形象更加生动逼真。乌龟腹部右上方有一个圆形小穿，可知这件器物是用来系挂的佩玉。俏色工艺在清代玉器加工中非常流行，软玉、硬玉、水晶、琥珀等各种工艺品中都可见到精美的俏色作品，清末谢堃所著《金玉琐碎》中记载的俏色玉就有八种之多。海淀区出土的俏色玉器也非常丰富。比如20世纪80年代出土的一件白玉俏色圆雕衔草卧牛挂件，器

图三（源自张明华：《中国古玉发现与研究100年》第35页）

图四

图五

身长5.6厘米，宽2.3厘米，高2.5厘米，牛呈卧姿，昂首衔草，四肢蜷卧，尾巴上翘，在牛右侧大腿处保留原有褐色玉皮。牛衔草题材含有粮食丰收、生活富足之意。（图四）再如1985年出土于北京体育大学的一件白玉俏色扳指，高2.7厘米，直径3.5厘米，扳指外壁保留有橘黄色玉皮。可以看出，玉器制作者为了保留玉皮颜色，牺牲了扳指外壁固有的圆形剖面，而是随形就势，保留了玉料局部的原有形状。（图五）

受儒家思想影响，纯净、温润的玉质集中体现了君子所应该具有的十一德（又有十德、六德之说），并以此形成了长久以来玉文化的核心内涵之一，而体现外在美的玉器颜色，即“玉符”则相对受到轻视。这种重玉德、轻玉符的观念在先秦文献中多有体现。至少从两汉时起，随着“玉有六美”提法的出现，玉文化也由“首德次符”向“德符并重”转变。[1] 不过，在此后相当长时期，“玉德”与“玉符”相比始终处于优先地位。到了清代，受玉器商品化所带来的世俗化影响，作为玉器的两个评判标准，“玉符”与“玉德”之间的关系也发生了重大变化。在玉器市场上，普通消费者对“玉符”的重视程度开始超过“玉德”，表现在民间玉器上就是俏色和人工沁色比较流行。海淀区出土上述俏色玉器的墓葬虽然大多被破坏，对了解墓主人情况带来困难，但是综合墓葬分布区域和同墓出土的其他器物判断，大致可以将这些俏色玉器的使用者范围限定在商人、下层官吏及一些平民。这也说明当时北京地区玉文化的审美取向已经有了很大的市场化成分。

1　卢兆荫：《玉德、玉符、汉玉风格》，载《文物》1996年第4期。

清

“福寿三多”翡翠佩饰

清代“福寿三多”翡翠佩饰1986年出土于北京市海淀区板井村，现藏于北京市海淀区博物馆。长6.5厘米，宽4.5厘米，厚2.5厘米。该器材质颜色嫩绿光洁，不含杂质，是难得的翡翠器制作原料。玉雕师根据原料特点，采用圆雕、镂空技法，按品字形布局雕造出石榴、佛手、蟠桃造型，三种植物之间以茎叶相连，下方承托以一只展开双翅飞翔的蝙蝠。三种植物之间用镂空技法雕造出短粗而有力的枝干和宽大肥硕的叶子，枝干打磨粗糙，更加衬托出珊瑚状枝干的坚韧有力。叶脉用双钩阴线刻画，简洁而清晰。蝙蝠的眼睛用隐起的手法呈现为半球形，使其看起来既可爱又传神。佛手的“佛”意指神佛，蝙蝠与“福”同音，有多福的寓意，蟠桃代表多寿，石榴寓意多子，共同组成了“福寿三多”的题材，饱含着向往幸福生活的美好期望。（图一）

佛手是产于我国南方的一种芸香科常绿小乔木，果实顶端分裂如拳，张开时如佛手指，故名“佛手”，又称“九爪木”、“五指橘”、“佛手柑”等。佛手的叶

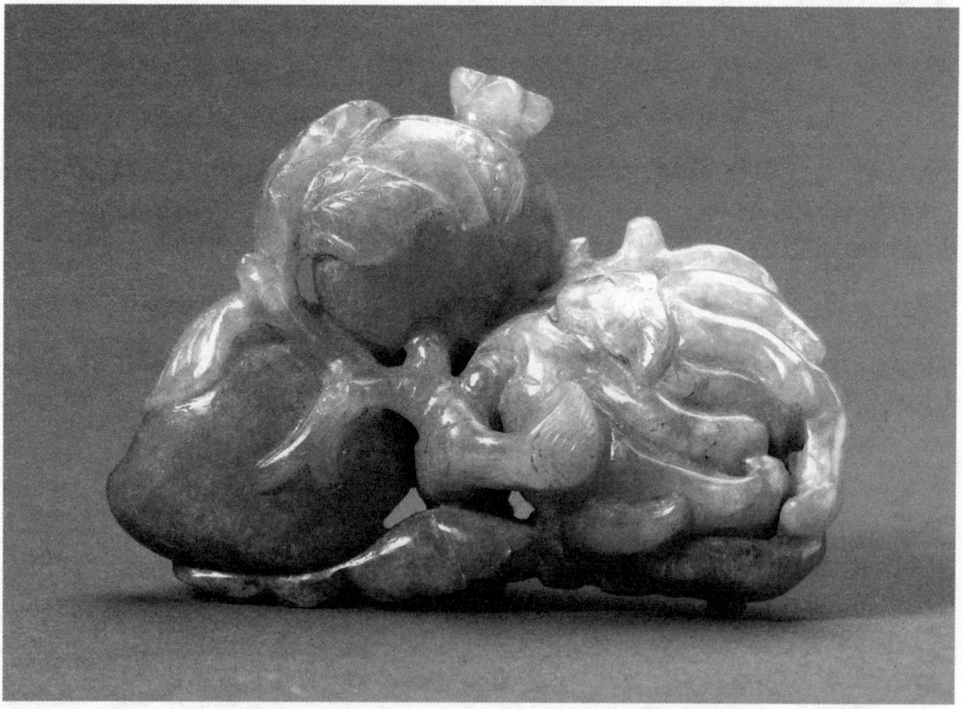

图一

子色泽苍翠，四季常青；花有白、红、紫三色，白花素洁，红花沉稳，紫花淡雅；果实色泽金黄，气味芳香，形如手指。佛手不仅是一种具有观赏价值的植物，而且还是一味珍贵的中药，佛手根、茎、叶、花、果均可入药。中医认为，其花性平，归肝经；果实富含维生素C，芳香辛散，将其用于药用，对胸闷气滞、年老胃弱、消化不良、食欲不振、胀气呕吐等症有很好的治疗作用。因为佛手既美观又实用，并且其花形似佛手、香气浓郁，所以古人多将其用作寿礼、贡礼。在民间，素有佛的手能握财宝的传说，有财宝即表示有福，所以佛手也成为古人心目中能祈福纳祥的吉祥物，并经常将这种纹饰装饰在瓷器、玉器、金银器等各种工艺品上。在我国古代的神话传说中，蟠桃是寿桃，人吃了可以长生不老，多用来祈愿长寿。石榴是多子的果实，象征着多子多孙、人丁兴旺。把这三种寓意吉祥的植物，组合到一起就构成了常见的“福寿三多”装饰题材。

“福寿三多”的吉祥观念形成很早，其来源与“华封三祝”的典故有关。据《庄子·外篇·天地》记载：“尧观乎华，华封人曰：嘻，圣人！请祝圣人，使圣人寿。尧曰：辞。使圣人富。尧曰：辞。使圣人多男子。尧曰：辞。封人曰：寿，富，多男子，人之所欲也。汝独不欲，何邪？尧曰：多男子则多惧，富则多事，寿则多辱。是三者，非所以养德也，故辞。”《庄子》大约成书于战国晚期，据此可知至迟在战国晚期时，“多福多寿多子”的思想就已经在社会上广为流行了。为了在工艺品上表现这种美好愿望，人们用带有相应吉祥寓意的植物将其具象地表现出来，就形成了我们所见到的佛手、桃、石榴组合的“福寿三多”装饰题材。“福寿三多”题材的图案并不仅仅见于玉器装饰上，比如清代乾隆年间的粉彩、青花瓷器中就有很多这种题材的装饰。另外，这种题材的图案和内容组合也不仅仅限于上述三种植物，比如在年画中就常有童子与佛手、桃、石榴组合的婴戏福寿三多图案。这件器物中“福寿三多”题材就加入了蝙蝠来充实布局和内容，从一个侧面反映出清代玉文化发展中的世俗化倾向。

清

“进贤司”黄玉佩饰

清代“进贤司”黄玉佩饰1986年出土于北京市海淀区双榆树小区，现藏于北京市海淀区博物馆。饰件长5.5厘米，宽4.1厘米。黄玉质地，局部有糖色。冠状造型，顶部有穿，两侧有实心贯耳状饰，牌饰底部为如意云头造型，牌面微凸，正面从右向左篆书“进贤司”三字。这件玉佩从玉料色泽、造型、题铭诸方面来看均为同时期玉器中比较少见的。（图一）

关于玉料颜色从古至今有多种认识。早在春秋战国时期，《吕氏春秋》就将玉料的颜色分为青、赤、黄、白、玄五色，明代的玉器鉴赏家曹昭更是细分为八色，同时也有把玉的沁色、质变色、染色、盘色与玉料本质颜色相提并论进行综合分类的，这些分类学说为玉器的收藏、研究提供了类型学的依据。黄玉，概括来说就是指以黄色为主色调的软玉，它属于含水铝硅酸盐矿物，由火成岩在结晶过程中排出的蒸气形成，一般产于流纹岩和花岗岩的孔洞中，在中国新疆、云南、广东等地有分布，与其他颜色玉料相比，黄玉在数量上是比较少见的。在把玉料按颜色分类的同时，古人也对不同颜色的玉进行了各种不同的优劣排序。如明代曹昭在《格古要论》中记载：“凡看器物，白色为上，黄色、碧色亦贵。”同时期的张应文认为：“玉以红如鸡冠者为最…黄如蒸栗者次之，白如截肪者次之。”而明代的高濂在《遵生八笺》中则把黄玉奉为最上：“玉以甘黄为上，羊脂次之。”与之相反，明代末期宋应星的名著《天工开物》却不认为黄玉是玉，认为：“于阗玉唯白、绿两种，其赤、黄玉皆不是玉”。不仅明代，清代关于黄玉到底是不是玉，以及是白玉为上还是黄玉为上的争论一直在持续。而十分喜好玉器的乾隆皇帝也不甘寂寞，加入到了这场争论中来，并且以其一国之君的姿态在《咏颂和田玉碗诗》中给以裁决：“五色自当白居首”。如此一来，无论是有功名身份的人，还是普通民间文人都不敢再有异议，“贱黄而贵白”几乎成了一种共识。但是，即便如此，黄玉因其玉料珍贵难求，仍然备受人们推崇。这件黄玉佩饰的玉料属于黄玉籽料，是白玉和山体分离后进入河水中，被周围环境矿物质长期沁入而形成的，其中的糖色应该是由于玉料中含有料子松成分而使然。

这件玉佩的造型与明清时期流行的子刚形佩等牌饰大为不同，带有某些仿古的意味，这一点与清代宫廷玉器的摹古之风是相一致的。那么这种玉佩所模仿的是什么器物呢？对比历年来出土的考古资料，类似这种造型的器物大多出现在史前时期的良渚文化中，与良渚文化大量出土的一种“冠状饰”的器物非常相似。（图二）这种冠状

图一

图二（源自张明华：《中国古玉发现与研究100年》第248页）

饰亦为上大下小的倒梯形，顶部有穿，唯一不同的是冠状饰的底部一般为带有多个穿的榫状，似与其他器物相接使用。1999年浙江省海盐县横港乡周家浜遗址出土的一件冠状饰六齿象牙梳说明这类器物可能是作为头上饰物使用。令人疑惑的是，这种饰物在沉寂了几千年后为什么在清代又有人模仿呢？这一点恐怕仅仅靠摹古倾向的审美观很难完全说明。而结合对玉器上的题铭“进贤司”进行分析，也许对搞清其中的奥秘有些许帮助。

直观看来，“进贤司”像是一官府职能机构的称谓，但笔者查阅诸多有关资料，尚没有找到贴切的证据，因此，其究竟是否为官府称谓还有待进一步证明。关于“进贤”一词，《辞海》的意思有两种，一为宋代以来江西进贤县的地名，而两者之间似乎没有明显的联系可能；二为“荐引贤能之士”之意，这一解释来源于

《国语·晋语》："献能而进贤，择材而荐之"，而玉佩上题铭"进贤"的做法与荐引贤能之间是否有必然的联系？也是值得进一步考究的。另外，在我国历史上两汉至明代间的公侯、官吏及文人阶层流行有一种冠饰——"进贤冠"。《后汉书·舆服志下》记载："进贤冠，古缁布冠也，文武者之服也。前高七寸，后高三寸，长八寸。公侯三梁，中二千石以下至博士两梁，自博士以下至小史私学弟子皆一梁。"从这种帽冠的平面投影看，与这件玉佩的形状比较相近，但是，两者之间仍然缺乏足够的证据使之联系起来。

事实上，关于良渚文化冠状饰的研究长期以来就一直有许多专家学者在进行着不懈的努力，并且在用途方面提出了法器说、冠冕说等多种观点。1999年朱建民先生在其《从逐疫文化现象谈良渚文化的衰落》一文中指出，在诸多的天文星座中，主宰疫病的星宿平面呈不规则的"亚"字形，这与浙江省余杭反山出土的一件属于良渚文化的镂孔冠形器的构图相类似，由此认为"这种冠形器平面形态或许来源于天秤座，即古籍记载中主宰瘟疫的'氐宿'"。《元史·卷七十二·志第二十三·祭祀一》在详述郊祀仪式时，曾将"氐宿"与"进贤"并列提及，而"进贤"作为星宿，其与冠形器之间的关系是否和"氐宿"与冠形器之间的关系相类似呢？

在天文学领域，"进贤"一词在历史文献中也多有使用。《宋书·志第十六·天文四》载："宋武帝永初元年十月辛丑，荧惑犯进贤。占曰：'进贤官诛'。"而在历代史书中，"进贤"除了荐引贤能之外，几乎都与天文、占卜有关。在清代，"进贤"一词作为"荐引贤能"的意思主要频繁使用在清前期的康熙时期。《清史稿》中虽未明确提及"进贤"与天文学之间的关系，但是据《清史稿·志九十·职官二·钦天监》记载，雍正三年（1725年）曾授西洋人戴进贤为钦天监监正一职，此后，这一职位多由西方人担任。钦天监是负责天文、时宪、漏刻、回回等事务的部门，而西洋人也以"进贤"作为自己的中文名。另一方面，在西方人眼里，黄玉可以作为护身符佩带，能辟邪驱魔，使人消除自卑和恐惧，增强信心。这些线索似乎可以说明"进贤"在清代确是与天文、占卜有着很大的关联，而海淀区出土的这件黄玉"进贤司"佩饰也似乎与以戴进贤为代表的在清廷从事天文历法等事务的西方人士有着某种事实上的联系。

清

“红楼故事” 子刚牌

清代“红楼故事”子刚牌1987年出土于北京市海淀区双榆树北里，现藏于北京市海淀区博物馆。长4.9厘米，宽3.8厘米。白玉质地，玉质温润，有少许絮状白斑。玉牌呈“亚”字形，四角略微呈弧方形，束腰处回收平齐，两边各有一乳丁突起。器物主题纹饰采用浅浮雕技法，沿器边留有窗棂状边框，边框上缘雕蝙蝠纹和卷云纹，并有一个三角形穿，下缘雕兽面纹，兽鼻与眉毛连为一体，用双阴线表现兽眼。牌饰正面雕“黛玉葬花”图案，图中人物发髻高耸，身着右衽交领宽袖长裳，肩扛锄头，左手执锄柄，右手提花篮，回头侧望，表情伤感。牌饰背面阳刻双喜字。（图一）

图一

玉牌人物雕琢工艺与明代的粗大风格明显不同。明代衣纹多以简洁、浅显的阴线寥寥几笔表现出来，追求神似，而此玉牌用繁密的平行线表现长裳的质感和褶皱。五官和发髻的处理也是一丝不苟，五官表情生动逼真，头发的纹理表现得细致而繁琐，就连简单的锄头都边缘光滑，绝无参差不齐之感。温润的玉料和细腻的做工相得益彰，处处体现着清代中期以来玉器制作追求细腻的工艺特征。

一面刻图案、一面刻文字的玉牌为明代晚期苏州专诸巷玉工陆子刚首创，陆子刚将文人画内涵与玉料的特点相结合，创作出许多雅俗共赏的玉雕作品。明代“青藤画派”创始人徐渭在其《咏水仙簪》中曾这样评价：“略有风情陈妙常，绝无烟火杜兰香。锟铻锋尽终难似，愁煞苏州陆子冈。”陆子刚在雕琢玉牌时，经常用浅浮雕工艺在玉牌上直接作画。玉牌一面雕刻山水花鸟、人物故事，虽然图案是用琢玉工具碾制而成，但是仍不失中国画的笔墨韵味；而在另一面雕刻应景诗文，笔法娴熟流畅，堪与名家书法作品媲美。将中国的书画艺术表现在玉牌的正反两面，加之以富有情调的边缘装饰，使小小的玉牌不仅具有一定的观赏性，而且提高了玉器作品的艺术性。这种玉牌在当时的市场上就与唐寅的书画作品相提并论，可见其珍贵程度。也因为其市场价格不菲，后世多模仿制作这种玉牌，并将此类玉牌泛称为“子刚牌”。海淀区出土的这件玉牌即属于清代模仿“子刚牌”的形式而制作的，不过无论是加工工艺还是题材特点，已经与明代的子刚牌有了很大的不同。

图二（1）（源自《首都博物馆二十周年纪念馆藏精品撷英》第99页）

“子刚”款玉器的出土实物非常少见，而考古实践中最为重要的发现当属1962年在北京市海淀区小西天黑舍里墓出土的一件“白玉环把带盖子刚款樽”。樽高10.5厘米，口径6.8厘米。白玉质地，局部有糖色。直筒腹，平底，三兽首形足。盖面弧凸，有绞丝纹边饰平顶涡纹纽。盖上饰兽面纹和云龙纹，等距离圆雕三只昂首卧兽。器表以勾云纹为地，隐起图案化的蟠螭凤鸟纹。樽身一侧附象鼻环形把，把下有剔地阳文篆书款“子刚”二字。[1]（图二）此墓主人虽是清康熙时期大学士一品官索额图之七岁幼女，但此樽则为明代遗物，该墓同时出土的还有唐、宋、元等时期的珍贵玉器。这些绝世珍宝当为索额图所持有，并随墓主人一起埋于地下，才得以保存至今。

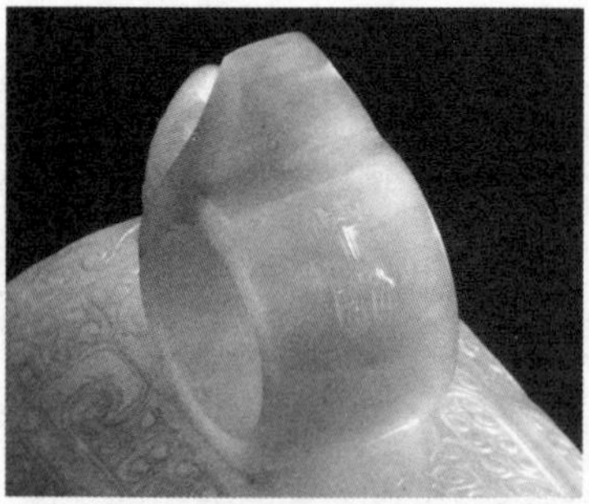

图二（2）（源自《首都博物馆二十周年纪念馆藏精品撷英》第98页）

《红楼梦》是我国古代四大名著之一，其成书于清乾隆年间，在装饰品上出现红楼梦中的故事情节，说明当时这部名著在社会各阶层人士中有着一定的影响力。从这件反映红楼梦故事的玉器上至少给我们传递了以下两个信息：一是由于这件玉器材质优良，工艺精美，是不可多得的高级装饰品，结合该墓中同时出土有其他玉器和金银器等贵重陪葬品的情况可知，佩带这件玉器的人生前应该是拥有一定社会地位的贵族阶层。由此可知，《红楼梦》在当时的贵族阶层中流传得比较广泛。二是《红楼梦》这部著作与玉文化的关系非常紧密，其原名即为《石头记》，整个故事由女娲补天所产生的“通灵宝玉”而起，由此发端，书中有关玉文化的情节比比皆是。而这件子刚牌将红楼梦故事与莹润的玉料相结合，恰恰是将红楼玉文化生活化的例证，由此也为探讨当时社会的红楼情节提供了重要的实物资料。

1 首都博物馆编：《首都博物馆二十周年纪念馆藏精品撷英》，北京燕山出版社，2001年第1版第98页。

清代

翡翠器

图一（1）

图一（2）

图一（3）

与和田玉等软玉相比，翡翠进入北京地区古代人民日常生活中的时间要晚很多。杨伯达先生认为，大约在清代雍正年间，云南翡翠才开始进入宫廷，乾隆年间出现在北京玉器市场上。[1] 在乾隆皇帝对翡翠倍加推崇的风气影响下，翡翠逐渐在北京市场上普及开来。海淀区清代墓葬中出土的翡翠器在数量上与其他玉器相比要少得多，但与其他地区出土翡翠器数量相比还是处在前列的。由于海淀区地处清代京城西郊，是清代贵族、平民墓葬的集中分布区之一，因此这里出土的翡翠器对考查当时翡翠器的制作工艺、流通、使用等信息有着较高的参考价值。

这里将具有代表性的27座清代墓葬出土翡翠器的情况列表如下：

序号	出土时间	出土地点	翎管	朝珠组件	扳指	手镯	戒指	头簪	佩饰	鼻烟壶	烟嘴	其他	出土数量
1	1984年3月	花园北路										2	2
2	1984年6月	人大北小区		1							1		2
3	1984年	中央气象局			1								1
4	1985年4月	北京体育学院			1								1
5	1985年5月	清华大学	1				1		4			1	7
6	1986年5月	北京电影学院							1				1
7	1986年5月	西三环马尾沟		1		1					1	1	4
8	1986年10月	板井村				1			1				2
9	1987年3月	双榆树北里					1		2			1	4
10	1987年3月	中科院宿舍	1	1	1				2				5
11	1987年7月	学院路	1							1			2
12	1987年8月	大慧寺路		1			2	1	1		1		6
13	1987年9月	总参气象局										2	2
14	1987年11月	西三旗					1		2				3
15	1988年3月	花园北路										1	1
16	1988年5月	北京师范大学	1	1									2
17	1988年9月	恩济庄										6	6
18	1988年11月	蓟门桥东南				1	1		1			1	4
19	1988年12月	北京市农科院					1						1
20	1989年9月	谷香园食品厂				1							1
21	1990年3月	西三环北路	1	1									2
22	1990年4月	西郊粮库					1						1
23	1990年6月	五棵松										1	1
24	1990年10月	羊坊店学校							1			2	3
25	1990年11月	北医三院		1	1							1	3
26	1994年6月	西客站		1					1			1	3
27	1996年6月	翠湖山庄		1									1
合计（单位：件、套）			5	9	4	4	8	1	16	1	3	20	71

从出土翡翠器的墓葬分布来看，南起西客站，北到西三旗，东起师范大学，西至八里庄，主要分散在金山之南、西山以东的平原地区，这与清代及以前北京城西郊墓葬的分布特点有所不同。参考《日下旧闻考》、《光绪顺天府志》等清代典籍可以发现，这些关于北京史地的古文献的词条编写顺序与上述墓葬的分布规律有着某种关联之处，即均为沿河流走向、交通干道分布。

在上表所列27处清墓出土的71件（套）翡翠器中，属于典章用品的有14件，约占19.7%，其中翎管5件，朝珠组件9件（套）；属于装饰用品的有33件（套），约占46.5%，其中手镯4套，戒指8件，头簪1件，扳指4件，挂坠等佩饰16件（套）；属于实用器的有4件，约占5.6%，其中鼻烟壶1件，烟嘴3件；片状嵌饰等其他饰件20件，约占28.2%。如果将片状嵌饰归为装饰用品，则装饰用品所占比例达74.7%，而典章用品所占比重远远低于这个数字。事实上，在北京除海淀区之外的其他区县以及河北、山东、江苏、东北、新疆等地清墓出土的翡翠器，也是以扳指、戒指、手镯、簪、串饰、烟壶等生活用品为主，只有少数墓葬出土有朝廷命官配用的翎管、朝珠等典章类用品。[2]

另外一个值得注意的现象是，出土翡翠典章用品的墓葬伴随出土装饰类用品翡翠器的情况也比较少见，与这些翡翠典章器出土的其他随葬品都为软玉、金、银等器物或者少量的日用翡翠器。比较典型的是人大北小区清代墓，该墓出土的文物组合很有特色，既有玉器、金银器、铜器，也有水晶等同时期墓葬比较少见的器物。其中翡翠器有朝珠、佛头、背云这些典章用器。（图一）此外还有沉香木嵌金扳指和水晶制品。唯独没有装饰类翡翠用品。虽然该墓没有出土墓志，墓主人不明，但是这种情况仍然对了解当时翡翠器的使用习惯有着重要的参考价值。该墓出土的朝珠、佛头、背云均为朝珠串饰的组成部件，其中佛头高2厘米，通体绿色，有上下通透穿，用以与朝珠相连，背云呈倭角的长方形，长3.5厘米，宽3厘米，素面，长边侧壁有一个对穿孔。据《清史稿·舆服志》所记，皇帝朝服使用的朝珠由108颗东珠串成，并用红珊瑚结珠将其四等分，佩带时，佛头垂于背后，并用明黄色绦带连接背云。垂在胸前的左右红珊瑚结珠处，分别饰一串和二串绿松石记念。其他人使用的朝珠组成与皇帝相同，只是根据佩带者身份的不同而使用不同质地的朝珠。一串完整的朝珠有着特定的含义，108颗代表一年12个月，4个红珊瑚结珠象征春、夏、秋、冬四个季节，下垂于背后的佛头、背云，寓意“一元复始”，3串绿松石记念表示一月中的上、中、下三旬。

上述清墓中出土的翡翠生活用品不仅在数量上比典章用品为多，而且在制作工艺和艺术表现力方面也远在典章用品之上。1986年板井村出土的二龙戏珠手镯直径7.2厘米，质地绿白相间，采用浅浮雕和镂空技法，将龙纹和绣球很好地串联在一起。龙纹张嘴拱珠，露出嘴里的獠牙，更显威猛，而囿于手镯造型所限，龙角和龙爪则贴身后仰，给人以绵软无力的感觉，这也体现出了清代玉器工艺细腻而又稍显啰唆的特点。（图二）同墓中出土的一件福寿三多佩饰也是翡翠器中的精品。二龙戏珠和福寿三多等题材运用到翡翠器中，说明当时翡翠器市场化程度已经很高，多是应消费者的喜好而加工制作。1987年学院路出土的一件象牙盖翡翠鼻烟壶是鼻烟壶中的精品，出土时盖与壶口之间用于密封缝隙的密封材料仍然保存完好。壶高6.7厘米，口径2.4厘米，象牙盖为馒头形，平口、直颈、斜溜肩、扁圆形腹、圈足，质地光洁，种水俱佳，是一件十分难得的工艺品兼实用器。（图三）1984年中央气象局院内出土的翡翠扳指，高2.4厘米，直径3.2厘米，素面光洁，用俏色技法在白色地子上突出少许飘浮的绿色，水头靓丽，精美的材质与素雅的构思情调融为一体，在世俗化的市场供求中略显出玉文化的道德内涵。（图四）

海淀区清墓出土翡翠器所表现出的典章器

图二

图三

图四

少、装饰实用器多，典章器雕工简洁素净、装饰器雕工复杂世俗的特点也恰好印证了清代光绪年间玉器鉴赏家唐荣祚在其著作《玉说》中关于翡翠制品的记载。唐氏关于当时翡翠器的种类和特点有以下概括："……佐冠裳之制度有翎管与朝珠，壮佩饰之观瞻得搔头与扳指。笔床、笔筒耀奇彩于文房，烟管、烟壶增豪华之享用……他如配朝珠之背坠、佛头，嵌首饰之花心、蝶翅，物虽微细，唯色艳之足珍；品既高超，自连城之是宝。此即山川灵秀之独钟，而为今日豪华之赏玩焉。"

需要特别注意的是，清墓出土的片状小型嵌饰占全部出土翡翠器的近三分之一。从用途分析，这些片饰主要应该是镶嵌在金银器、漆木器、服装等器物上的装饰构件，这一点可以从唐氏《玉说》中得到证明。比如1984年在花园北路出土的两件竹节翡翠片状嵌饰，长4.5厘米，宽2.5厘米，用隐起技法结合阴线和镂空，在小小的翡翠料上清楚地表现出竹子的竹节和枝叶，枝叶间的缝隙在分隔图案区域的

图五

同时，还能用以附缀到其他器物上。（图五）将细小的翡翠材料充分利用的情况说明翡翠在当时也是很珍贵的高级奢侈品。翡翠从清雍正时期首次进入宫廷，并在此后乾隆年间在北京市场普及以来，虽然经历了文人的不认可和宫廷倍加推崇的矛盾阶段，但在翡翠商品化因素的作用下，很快培育出包括商人、平民在内的广泛的消费群体。纪晓岚在其《阅微草堂笔记》中这样描述乾嘉年间京城翡翠市场的情形："云南翡翠玉，当时不以玉视之，不过如蓝田干黄，强名以玉耳。今则以为珍玩，价远出真玉上矣……盖相距五六十年，物价不同已如此，况隔越数百年乎？"由此不难看出，由于翡翠料的珍贵和价格高昂，即使细小的碎料也被商家充分利用，以牟取最大的利润。

虽然翡翠在市场上的价格很高，但纪晓岚并不将其视为"真玉"对待，而仅仅因其如蓝田干黄才勉强称为玉。可见在文人士大夫阶层的眼里，能体现"君子之德"的软玉才是真正的玉，这也反映出乾嘉年间不同社会阶层在玉文化观念上的区别。受儒家思想影响，在文人士大夫心目中，温润柔美的玉是仁、知、义、礼、乐、忠、信、天、地、德、道的集中载体，而翡翠因其干黄，不具备温润柔美的特征，不能体现君子之德，因此受到文人的摒弃。而在翡翠器备受欢迎的民间世俗阶层，他们对玉的审美观却另有见解。唐荣祚作为收藏家，曾这样总结翡翠的审美标准："艳夺春波，娇如滴翠，映水则澄鲜照澈，陈几亦光怪陆离，是为翡翠之绝诣"。由此可见，由于翡翠与和田玉质地的不同，在不同阶层人士的玉文化观念中，对翡翠的看法有着明显的不同。但是，无论翡翠在文化主流领域受到怎样的不公正待遇，随着翡翠在广大消费群体中的普及，玉文化的历史车轮已然进入到了又一个发展阶段，即以和田玉为代表的软玉和以云南翡翠为代表的硬玉并驾齐驱的新阶段。

1　杨伯达：《翡翠传播的文化背景及社会意义》，载《杨伯达论玉——八秩文选》，紫禁城出版社，2006年第1版。

2　同上。

金银器

明万历

錾花鎏金银盘、盏

明万历錾花鎏金银盘、盏1985年出土于北京市海淀区八里庄明泰昌元年（1620年）司礼监秉笔太监杜茂墓，现藏于北京市海淀区博物馆。盘、盏均为银质，通体鎏金。盘高1厘米，口径15.5厘米。盘口呈六曲花瓣形，平折沿，沿边隆起一道方棱，斜浅腹，平底，内底中央突起有浮雕状莲台。盘口折沿处用双阴线錾刻有一圈忍冬纹装饰带，盘内底以鱼子纹为地，錾刻以“封侯”、“福禄”、“抬头见喜”三组主题纹饰。（图一）盏高3.5厘米，口径5.3厘米，足径3厘米。侈口，微束颈，腹部以下略鼓，假圈足，杯腹两侧分别焊接有灵芝形耳，灵芝高于口沿，造型规整、光洁素雅。（图二）

图一

这套盘盏汇集了范铸、焊接、锤锞、錾花、抛光、鎏金等制作工艺，其中又以錾花工艺表现得最具代表性。就盘的制作工艺来看，器物是在锤锞成型的基础上，用錾花技术装饰以纹饰，之后再通体鎏金完成。规整的器形、精细的纹饰、鲜亮的光泽被很好地融合在一起，彰显出一派高贵典雅的气质。錾花是我

图二

图三（源自张先得等：《北京市郊明武清侯李伟夫妇墓清理简报》，载《文物》1979年第4期第60页）

国金银器制作历史上的一种传统工艺，据考古资料显示，早在北魏时期，金银器錾花工艺已经具有相当高的水平，到北齐时已经完全成熟了。该工艺是用小锤锤击各种形状的錾子，用錾、抢等方法在金银器的表面雕刻出各种图案和纹饰，使器物装饰呈现出深浅不一、富有艺术感染力的效果。1977年海淀区八里庄明万历年间武清侯李伟夫妇合葬墓出土有一套錾花错金盘盏，两套盘盏的工艺风格基本一致，均系采用阴錾技法制作而成。李伟墓托盘高3.6厘米，口径16.2厘米，足径9.4厘米，托盘中心突出莲台，口沿边饰荷花及珊瑚纹各四组，内底处用錾花技法雕刻出飞鹤、桃树、珊瑚、水浪，并在花纹轮廓处错金。[1]（图三）

该器内底处的纹饰图案采用环绕式布局，以山石、楼台、花木将纹饰自然划分为三个独立的部分，均为祈福吉祥的题材。一只猴子手拿长竿捅蜂窝寓意“封侯”（取自“蜂猴”谐音），鹿与童子托盘中的酒壶寓意“福禄”（取自“壶鹿”谐音），两位文人学士抬头手指天上的喜鹊寓意“抬头见喜”。而这三部分纹饰也可以作为一个整体来释读，即代表“喜禄封侯”之意。在2008年全国第三次文物普查中，浙江省温岭市新河镇长屿村发现了一件精美的石屏风，该屏风为清乾隆年间湖北归州知州李南湖所制，屏风正面左侧为一株虬曲的老树，树上攀爬着一只猴子，猴子伸手指向树杈间的一只蜂窝，树下是一只回首翘望的梅花鹿，树上方和天空中各飞翔着一只喜鹊，整体构图紧凑，浑然一体，饱含“喜禄封侯”之意。[2]山西省汾西县前加楼村的一户农民家的院墙上保存有一幅清代末期大型砖雕，砖雕内容也为“喜禄封侯”的

图四

图五（源自《首都博物馆二十周年纪念馆藏精品撷英》第111页）

题材。（图四）可见这种题材的装饰图案普遍流行于明清时期的南北各地。

这套盘盏出土于明万历年间曾担任荆襄地区矿监的杜茂墓，其贵重的金银质地、精细的装饰工艺与具有浓厚民俗韵味的“喜禄封侯”题材聚于一器的情形，说明当时宫廷金银器的审美观已经与前期注重文人画内涵的审美观有了明显不同，已然大量注入了民间世俗文化的因素。与之形成鲜明对比的是出土于北京市右安门外明成化年间万贵墓的一件錾花人物楼阁图八方金盘。[3]（图五）盘高0.9厘米，口径16.2厘米。呈八方形，盘心錾刻一组人物故事图。图案内容丰富，有酒楼、水波、廊桥、树木、山石、浮云、神仙、人物等，临江酒楼旗帜随风飘舞，树木婀娜多姿，神仙从天而降，水边和酒楼内人物或骑马游乐，或携琴访友，或临街交谈，或开怀畅饮，惬意的环境和优雅的文人情调凸显出中国传统文人画的韵味。两件錾花装饰托盘，体现出了两种不同的装饰意境，为我们直观地了解明代早期至晚期金银器装饰风格的变化提供了珍贵的实物资料。

1　张先得、刘精义、呼玉恒：《北京市郊明武清侯李伟夫妇墓清理简报》，载《文物》1979年第4期。

2　叶艳丽：《温岭市文物普查发现一件精美的清代石屏风》，载“浙江省文物局网”。

3　首都博物馆编：《首都博物馆二十周年纪念馆藏精品撷英》，北京燕山出版社，2001年第1版第110页。

明

御马监太监符牌

图一

图二

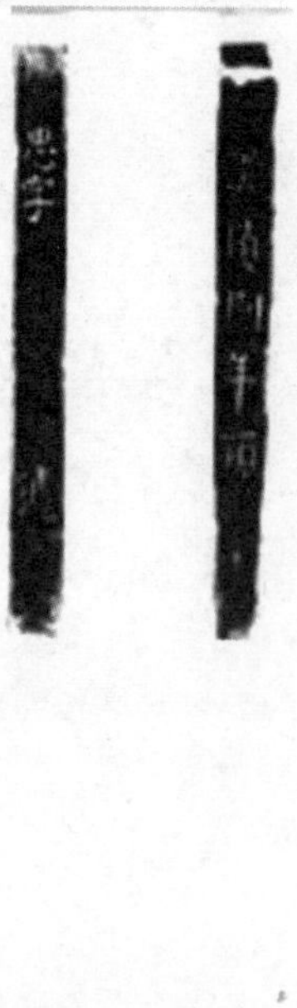

图三

明代御马监太监符牌1991年北京市海淀区北下关太监墓出土，现藏于北京市海淀区博物馆。高12厘米，宽6厘米，厚0.5厘米。符牌质地为银质鎏金，平面造型呈钟形，中空，系将片状的正面、背面及长条形弯曲侧面分别锤锞后再焊接而成，符牌两面边缘凸起双线棱边。牌首装饰有祥云托月纹，如意云头烘托出顶端的一轮圆月，云纹中有一穿。符牌正面阳文楷书“御马监太监”，背面阳文楷书“忠字叁拾捌号”，侧面光素无文。（图一）

“符牌”最早出现于春秋战国时期，早期是用来进行军事调遣的凭证，隋唐时期开始赋予其出入宫廷禁区凭证的功能，两宋之后，符牌在军事、通行证的基础上又增加了体现等级和身份的内涵。明代符牌制度比较完备，也很严格。根据《明史·舆服志四》载，明代早期符牌作为凭证主要用于“宣召亲王”、“军情重物”和“奉旨差遣”，其中金质符牌仅限于都督府和中书省长官在递送军机文书时使用。明世宗以藩王入继大统，于嘉靖三十七年定制：“南京、凤阳守备内外官，并各处镇守总兵、巡抚，及各守一方不受镇守节制内外守备，并领符验奏事”。至此明代符牌制度基本完备。

明代早期武臣所佩符牌的等级区分主要体现在质地和纹饰上，其中“指挥佩金牌，双云龙，双虎符；千户佩镀金银牌，独云龙，独虎符；百户素云银牌符”。而使用范围更广的扈驾符牌，也称守卫符牌，其质地和形制更加多样，使用规则也更加复杂。

海淀区出土的这件符牌在性质上属于扈驾符牌，主要在出入宫禁时使用。御马监是明代宦官十二监中设立最晚的机构，设有掌印、监督、提督太监各一员，四卫营各设兼官、掌司、典簿、写字等员，象房设掌司等员。与明武臣所佩符牌相比，该符牌虽然为鎏金银牌，但却没有龙、虎纹饰，仅以素云纹装饰牌首，显然是参照了锦衣卫的规制来设置。而据《万历野获编补遗》记载：御马监掌管"御厩兵符"等事项，与兵部关系密切，"近日内臣用事稍关兵柄者，辄改御马衔以出，如督抚之兼司马中丞，亦僭拟甚矣"。可以看出，御马监太监虽然品级不高，但因专司兵符，职位险要，故其所佩符牌为银质鎏金也就很容易理解了。

由于符牌是统一保管，经常是随用随领，所以需要用一定的编号方式加以区别。这些编号有的直接书写官名，有的是以成组的文字作为排列依据，就扈驾符牌而言，则又以成组文字的排序方式为多。比如"马、水、达、通、信"，"仁、义、礼、智、信"，"金、木、水、火、土"等字。"忠"字符牌除了海淀区出土的这件外，国内其他博物馆也有收藏。湖南省博物馆收藏的一件"尚衣监"象牙符牌，长15.1厘米，宽7.4厘米，厚0.8 厘米。平面略呈钟形，牌首为双面浮雕云纹花饰，并带有一个穿，象牙黄色，正面上方横排刻写有三个九叠篆字："尚衣监"。背面则四行竖写楷书："凡官长随悬带此牌，不许借失，伪造，升迁者改写、兑换，事故者缴监。无牌不许擅入宫禁。违者治罪。"（图二）符牌脊部浅刻有"忠字号"字样，右侧背部浅刻有"崇祯捌年颁"字样。[1]（图三）

与这件御马监符牌同时出土的还有明"万历年造"银牌饰和"天启通宝"金币，由此判断其年代也应该为明代后期。明代关于内官佩用符牌的史料记载很少，仅有的记录也不够详细，而此类符牌的出土资料更加稀少，这件符牌的出土为研究明代符牌制度提供了非常珍贵的实物资料。

1 《明"尚衣监"宫廷象牙腰牌》，载"南京博物院网"。

明

“天启通宝”金钱

明“天启通宝”金钱1991年出土于北京市海淀区北下关明代太监墓，现藏于北京市海淀区博物馆。钱为圆形方孔，边廓较宽平，内廓方直，肉厚稍欠光滑，外缘直径3.8厘米，穿边长0.7厘米。金质，色泽金黄。钱面文为顺读“天启通宝”，背文有位于穿上部的“金”和穿右侧的“五钱”，均为正书，钱文笔画肥硕，间架结构舒展。（图一）

图一

在现有发表的考古资料和传世品中，这种“天启通宝”（“金·五钱”）金钱仅有三件，而且全部出土于海淀区明代墓葬中。除了这件之外，1951年今海淀区青龙桥街道董四墓村明代天启妃嫔墓中出土过两件。（图二）对比这三件金钱的图片和拓片，其形制和大小几乎完全一致，钱文内容和书写位置也完全相同。钱文书写风格也显然出于同一人之手，只是董四墓背文中的“五钱”笔画稍显纤瘦。从钱币的整体风格来看，这三件金钱应该是出于同一批钱范。

图二（源自高桂云：《首都博物馆藏天启通宝背“金·五钱”金钱》，载《中国钱币》1995年第3期第36页）

关于“天启通宝”（“金·五钱”）的文献记载在以前的古钱币著录中并不曾有记载。参与当年董四墓妃嫔墓发掘的著名考古学家安志敏先生在发掘简报中对这种金钱提出问题的同时，也就其用途提出了自己的看法：“……（戊）铜　第一类是货币，有洪武通宝（十一两）、天启通宝（金五钱）、天启通宝等二百余枚，完全在段妃棺中，好像原来铺在棺底下……最特殊的要算天启通宝（金五钱），表面镀金，并不见于著录，可能是专门殉葬用的”。[1] 而古钱币学专家高桂云老师则撰文认为这类天启通宝金钱的用途“应是一种流通钱，不大可能专供殉葬”，并且同时指出，其也可能会作为赏赐之用。[2]

笔者以为，天启通宝金钱首先是一种主要用于赏赐、收藏和殉葬的吉祥钱，其次也具有一定的流通功能，并且这种钱币仅限于皇室内部使用，与流通功能相比，代表身份地位的功能更为重要。理由如下：第一，纵观明代货币政策，前期多以纸钞为主，中后期才突出白银和制钱，而即使是在提倡使用纸钞的明代早期，仍然有铸造金钱的情况。1958年江西省新建县西山珂里乡黄源村正统十三年宁王朱权墓曾出土有金钱13枚，均无文字和图形。这批金钱显然不是流通钱币，而素面无字的钱币作为吉祥钱可以解释为“平安无事”，用贵重的黄金来做吉祥钱也只有皇室成员才能办到。与海淀区北下关天启通宝金钱一同出土的还有两件佛教吉语金钱，其造型也为圆形方孔式，大小与天启通宝相近，钱文正背两面均正书旋读“南无消灾延寿药师佛”。（图三）两种形制、大小相似，且仅有钱文不同的金钱同出一墓，也为天启通宝金钱作为吉祥钱的用途提供了佐证。第二，金钱钱文书写与铜质制钱类

图三

似的内容并非仅出现于天启年间，早年也曾有“‘正德通宝’大金钱出土，其背面有龙凤花纹，和普通钱不同”。[3] 龙凤花纹的金钱显然是作为吉祥钱使用，并且这种花纹的金质吉祥钱仅限于皇家。同时，“正德通宝”钱文的出现比之朱权墓出土的素面金钱，显然又赋予了其流通钱的功能，而这种双重功能的皇室专用的金钱很可能是天启通宝金钱的滥觞。第三，董四墓金钱出土时“好像原来铺在棺底上”。朱权墓金钱则分布于两个地方，一是与董四墓类似，置于墓主人身下，并且是有规律地呈两行排列，每行六件，另外一件含在墓主人口中。北下关太监墓金钱出土位置不详。从金钱出土位置来看，似乎都是专门为殉葬所用，与葬玉的功能类似。第四，三件天启通宝的墓主人均为长期生活在宫廷大内中的人员，董四墓段妃是天启皇帝的宠妃。北下关御马监太监虽然具体身份不详，但是其墓葬中出土有鎏金银腰牌，足以说明其身份是与皇帝比较亲近的。而江西宁王朱权则是明太祖的儿子。这种与皇帝均有密切关系的共性似乎表明这些金钱的使用范围仅限于宫廷内部的核心阶层。第五，据《明史》记载，明世宗由藩王入继大统，曾对太监谷大用“以迎立功赐金币”，这说明明代中后期有朝廷赐太监金币的先例。

在我国古钱币史上，除了明代末期的“天启通宝”外，元代末年江西红巾军领袖徐寿辉在汉阳就曾铸造过“天启通宝”钱，具体分为小平、折二、折三几种铜钱。钱文为正书顺读，其中折二为楷、篆两种书体，文字书写风格比明代天启通宝要遒劲有力。为了将两种天启通宝相区别，也有人将元末的天启通宝称为“徐天启”。两种天启通宝在材质和钱文上区别明显，徐氏所用材质为紫铜，外缘较细，启字的户部，上边一横与左撇成一体，天字首横较长。

总之，海淀区出土的“天启通宝”（“金 · 五钱”）金钱是非常难得的古钱币，它弥补了我国古代钱币史在实物上的缺环，为研究明代商业发展史和相关文化现象提供了珍贵的实物资料。

---

1 安志敏：《北京西郊董四墓村明墓发掘记——第一号墓》，载《文物参考资料》第26期第85页。

2 高桂云：《首都博物馆藏天启通宝背“金 · 五钱”金钱》，载《中国钱币》1995年第3期第36页。

3 同上。

明

带套银筷

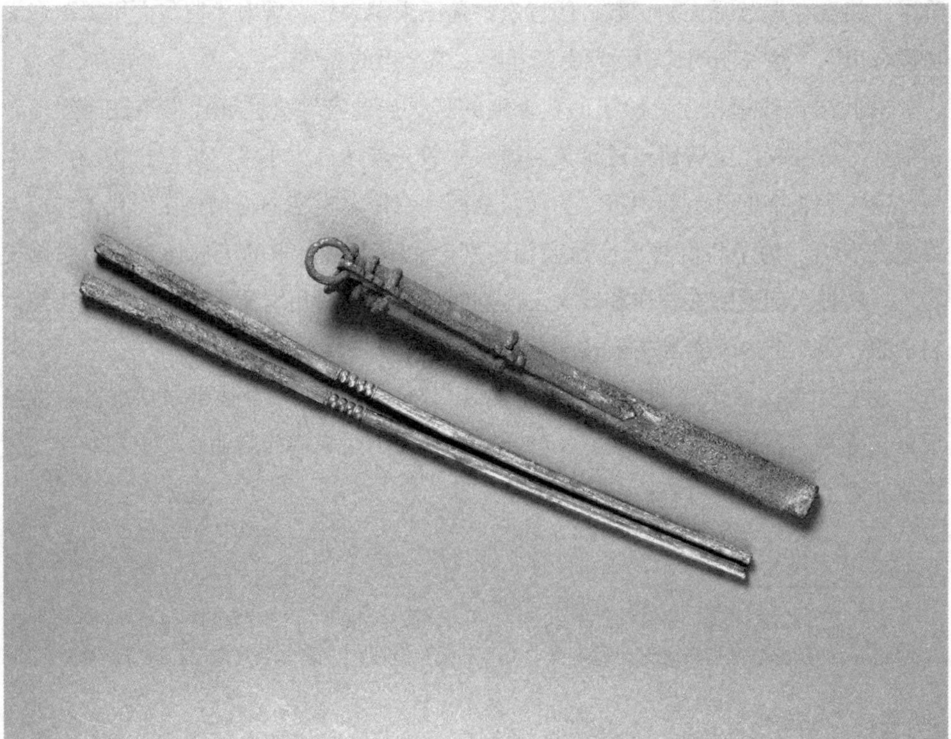

明代末期带套银筷1991年出土于北京市海淀区北下关太监墓，现藏于北京市海淀区博物馆。银筷长18厘米，筷套长12厘米。银筷形状呈明代流行的首方足圆式，方与圆之间的过渡区域錾刻出四个圆珠纹。筷套系浇铸而成，扁方形，口沿突出一道唇边，套身靠近口沿部有一个用以悬挂的套环。

同一墓葬中，与套、筷同时出土的金银器非常丰富，除作为食用器具的银筷、银匙外，还有银元宝三件，“万历年造”梵文圆形银牌两件，“天启通宝”金币一件，“南无消灾延寿药师佛”金币两件，御马监太监鎏金银腰牌一件，金饰片若干。

明代墓葬中出土的银筷比较多，时间上贯穿于整个明代，地域分布也遍及全国各地。作为明代早期首都的南京葬有多位当年追随朱元璋征战的开国功臣，这些人的墓中普遍随葬有银筷。比如洪武年间荣禄大夫、同知大都督府事、东胜侯汪兴祖墓的前室中即放有银制盘、碗、匙、筷、杯等，蕲国公康茂才墓前室中也出土有组合完整的金银制碗、盘、筷、匙、勺、耳挖、带钩等。[1] 这些金银器多为薄胎，且掺入比较多的锡，可能仅仅作为祭奠用的明器使用。安徽蚌埠洪武二十八年东瓯王汤和墓出土的金银器组合更为多样，有银碟、银盘、银勺、银瓶、银匜、银碗、银杯、银香炉、银烛台、银锅灶、银锁、金钱等。[2] 明代初期陪葬大量金银明器的奢靡之风对整个明代有着深远的影响。

与功臣贵族相比，出土有大量金银器的明代太监墓也比较多见。除北京地区的海淀区、石景山区等地的太监墓之外，2003年四川省成都市红牌楼明代中晚期太监墓群出土的银筷也具有代表性。成都太监墓群中的3号墓发现时保存完好，银筷出土时，和一件小瓷碗一同位于棺木中死者头顶附近。[3] 由于该墓没有被扰乱过，因此对银筷的用途有了比较明确的认识。

筷子在古代称“箸”。据史料记载，箸最晚出现于商代，而考古发现古人使用箸的证据则要晚很多年，这或许和制作箸的材料多为不易保存的竹木有关。湖南省长沙马王堆一号墓出土有一双竹箸，圆形，长17厘米，直径0.3厘米，这应该是迄今为止考古发现的年代比较早的箸。秦汉魏晋时期的画像砖、壁画所表现的场景中，也多有使用筷子的画面。

制作箸的材质种类很多，竹、木、骨、牙、铜、铁、金、银等各种材质的箸在历史上均有记载。安徽省贵池市、甘肃省酒泉市等地都有铜箸出土。而出土最早的银箸首见于陕西省长安县隋代李静训墓，与其一起出土的还有银碗、银盒、银盘、银勺、银高足杯等，形成了完整的食用器具组合。唐代，金银食用器具在皇室贵族中非常盛行，银箸也被大量使用。陕西、河南、江苏、浙江等地都有唐代银箸出土，其中江苏省丹徒丁卯桥银器窖藏出土银器近千件，银箸上刻有“力士”二字。宋代经济繁荣，金银器的商品化得到长足发展，作为商品的银箸也开始批量生产。江西省乐安南宋金银器窖藏出土有银箸23双、匙22件、杯20件、双鱼盘38件，显然是批量制作的产品。[4] 明代之前的银箸基本都是圆形的，明代开始，银箸的造型基本固定为方首圆箸，同时出现了用金箔包镶的箸，比如北京市昌平定陵出土的乌木镶金箸。

1 张静、齐东方：《古代金银器》，文物出版社，2008年第1版第190页。

2 同上。

3 周俏春：《成都出土保存完好的明代太监墓葬侧记》，载“新华网”。

4 张静、齐东方：《古代金银器》，文物出版社，2008年第1版第122页。

清代

金饰

据考古资料显示，我国最迟在商代已经有了成熟的黄金饰品，河南、甘肃、北京、四川等地均有当时的黄金饰品出土。北京市平谷刘家河商墓出土有金臂钏（图一）、金耳环、金笄和金箔残片等，经测定发现其含金量达85%，采用了范铸和锤锞工艺制成。[1] 可见北京地区使用黄金的历史是非常久远的。历史上，受黄金原材料的限制，早期的黄金制品都由统治者和达官贵人所拥有，主要以小件的装饰品为主。隋唐时期受外来文化影响，实用黄金器具开始增多，并占据了金器产品的主流。从北宋开始直到明代，随着商品经济和市场化的发展，金器使用的人员范围不断扩大。到了清代，金器的使用范围已经遍及城乡各阶层消费者了。而此时的器物种类也更加多样，但因为仍然受到原材料开采的制约，仍以小件装饰品为多见，并且为了节省原料，大量采用镂空工艺以提高产量。

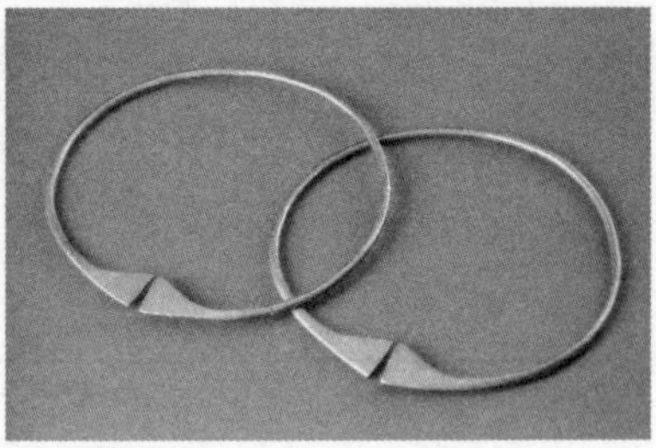

图一（源自《首都博物馆二十周年纪念馆藏精品撷英》第107页）

今海淀区在清代是皇家园林——“三山五园”所在地。私家园林、朝廷办事机构、商业设施等集中分布于海淀镇一带，为这里的经济发展起到了促进作用，也带动了金银饰品的生产和消费。另一方面，西直门、阜成门以西的京城西郊广阔地区还是当时达官贵人优先选择的葬墓场所，墓葬中往往随葬有大量的金银饰品。几十年来，在海淀区发现的清代墓葬中，大多数都随葬有金银饰品。这些黄金饰品在使用功能上大致可以分为两类：即宫廷用具和日

图二

常用具。前者用料考究、制作工艺精细，代表了当时金器制作的最高水平；后者数量众多，品种丰富，纹饰题材广泛，彰显出绚丽多彩的生活气息。

清朝建立以前，皇太极就对冠服制度提出了“勿轻变弃祖制”的主张，并“釐定上下冠服诸制”。乾隆三十七年在此基础上更加细化，认为严格的冠服制度关乎国家“根本之计，未可轻革旧俗”。受此影响，根据人员身份等级的不同，对冠服所用黄金饰品也有着相应的规范，尤其在朝冠、约、珥等方面规定得更加详细。海淀区出土的清代黄金制品中，宫廷用具主要包括朝冠金饰、领约两种，为考查清朝的冠服制度提供了实物标本。1986年大柳树村出土有一件金帽顶，器高8厘米，底座直径4.4厘米，分上中下三层，上部为花瓣形嵌座，中间为莲瓣纹雕花球形宝珠，底座为凸起莲瓣纹，顶端和中间球形部位原来应嵌有宝石，三层之间用连珠纹相隔，底座下部有五组双孔穿以方便缝缀。（图二）器物用料精良，采用了锤鍱、炸珠、焊接、錾刻等多种工艺复合加工而成，尽管无法看到表示其身份具体等级的镶嵌物，但纯正的质地和精致的做工仍然体现了佩带者非同一般的政治地位。2002年夏，巨山农场家属区出土了一组比较完整的朝冠金饰，有行龙、凤、桃形饰等。行龙饰共有四件，大小基本相似，长约7.5厘米，高3厘米。左右行龙各有两件，其中各有一只为踏花行龙，另外两只则在龙身前后辅以云纹，龙身周边嵌有红宝石、青金石和珍珠，其中一只右前抓处有与其他部分连接的构件。龙造型为四爪、张嘴吐舌、双角高耸、身肥体硕，做游走腾飞状，与明代凶猛的龙造型相比，则表现出另一幅憨态可掬的风格。（图三）嵌宝石金凤饰，长4.5厘米，宽2.5厘米，高2.2厘米。凤呈端坐姿态，竖颈昂首，嘴里衔金珠一颗，头上原来所嵌宝石已失，凤凰总体造型为“锦鸡头、鹦鹉嘴、孔雀尾”，充分体现出清代凤凰造型的特点。（图四）从器形特点看，其与传世所见的贵妃朝冠所缀凤饰基本一致。整组金饰采用了锤鍱、镂空、掐丝、累丝、錾刻等工艺，做工非常细致考究，属宫廷金饰中的精品。金领约是清代后妃朝服的重要组件，1990年8月核二院出土的一件金领约直径17厘米，高约2厘米。器物以金为皮，以象牙为骨，原有象牙六段，现存五段，象牙之间有嵌物相隔，象牙两端为衔珠龙首，龙首前端为镂空植物纹活动节，节端相合处为瓜形宝珠。器物采用了镂空、锤鍱、镶嵌、焊接技法，与首都博物馆收藏的一件金镶玉龙戏珠纹领约有异曲同工之妙。（图五、六）

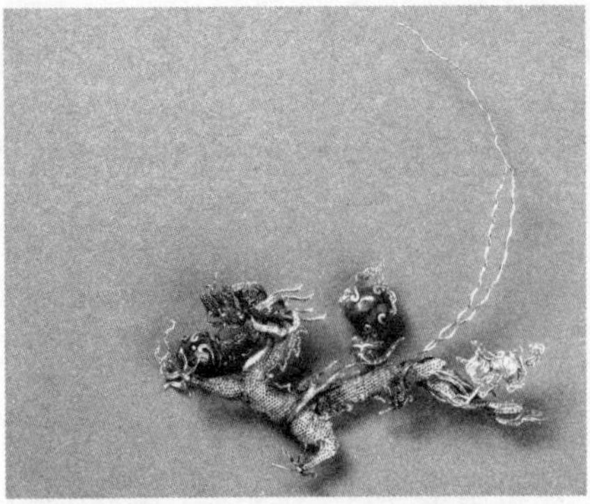
图三 (1)

图三 (2)

图三 (3)

图三 (4)

图四

图六（源自《首都博物馆二十周年纪念馆藏精品撷英》第122页）

图五

图七

图八（1）

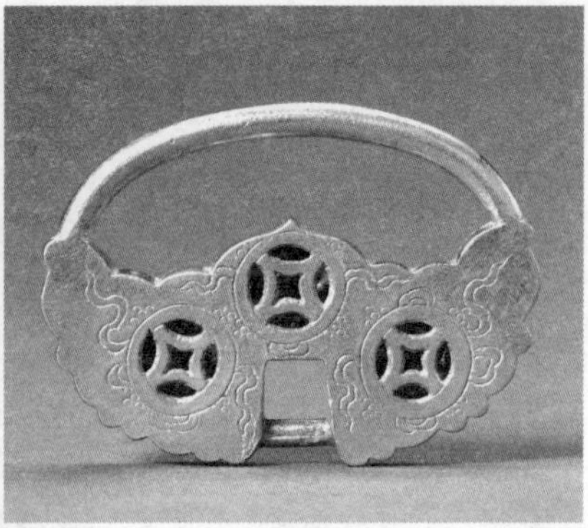
图八（2）

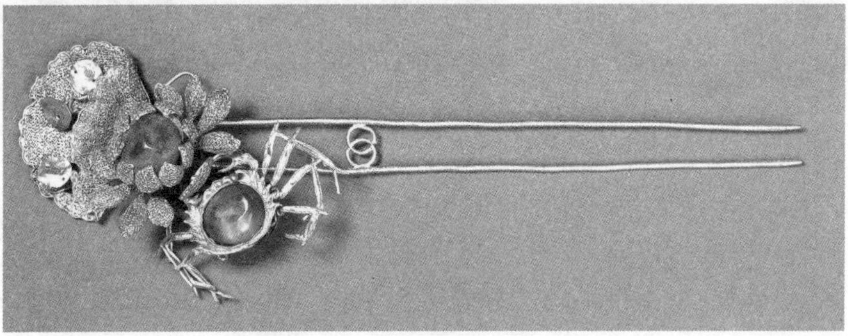
图九

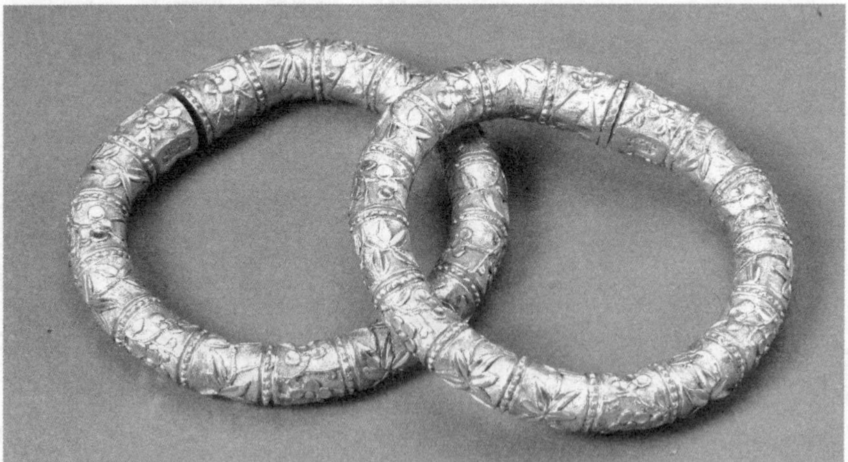
图十

海淀区出土的日用金饰包括簪、钗、扁方、耳环、戒指、手镯、扳指、指套、纽扣、配饰等。从器物质地看，受当时原料供应的限制，鎏金饰品的数量要远远多于纯金饰品。簪、钗数量最多，种类也最丰富，原料、做工也代表了当时日用金饰的流行风格。手镯有实心、空心、玉骨包金等多种。耳环、戒指等小件金饰除了素面外，錾花、镶嵌作品也为数不少。而扳指、金锁等虽为个例，但构思巧妙、用料精良、制作考究，当属精品。1984年6月出土于中国人民大学北小区的镶金木扳指，高2.8厘米，外缘直径3.3厘米，采用沉香木作为扳指的主体，内孔贴有金箍，外壁镶嵌四个寿字，将金木两种不同材料很好地结合在一起。（图七）1986年12月出土于大柳树村的一件金锁，长4.8厘米，宽3.3厘米，重34克，锁正面呈如意形廓，轮廓内填以缠枝忍冬纹；背面装饰以镂空钱纹，钱纹边缘辅以绶带纹。纹饰凸起、边缘清晰、地纹整洁，融小巧精致于一体。（图八）

与以前相比，清代日用金饰的造型渐趋丰富，仅簪的造型就有龙首簪、凤簪、方棱形簪、禅杖形簪、耳挖簪、球头簪、如意头簪、佛手簪等多种，纹饰题材的内容也更加广泛，龙纹、凤纹、植物纹、如意纹、盘长纹、福寿纹、联钱纹等题材是日用金饰装饰纹样的主流。这些纹饰在美化器物的同时，也往往含有祈福吉祥的寓意。巨山农场家属区出土的一件嵌宝石“和谐”金钗，通长14厘米，钗顶部为一片荷叶承托一朵盛开的莲花，旁边有一只螃蟹，花蕊和螃蟹背部均嵌有绿宝石，“和谐”即为“荷、蟹”的谐音，钗股之间用双圈相连，既实用又美观。（图九）文人画中常用的题材也常常用在金饰上。1989年出土于中央气象局院内的一对松竹梅金手镯，外缘直径7.2厘米，重约500克，用连珠状竹节将手镯等分成十六段，竹节之间錾刻以折枝松、竹、梅，末节内缘处有“中孚”款。（图十）禅杖、八宝等宗教题材也是日用金饰的常用纹饰，1987年马神庙出土的盘长纹金指套即为此类代表。（图十一）直接用吉祥文字刻铭的金饰也比较多，1997年4月卧虎桥出土的一件金饰上就有“益寿延年”的刻铭，用“福”、“寿”等文字装饰的金饰则以簪为多见。

海淀区出土的清代金饰中，所见的文字款铭包括两种。一是单独刻金店字号或吉祥用语。如“北京宝源”、“义兴隆”、“中孚”、“丽源”、“三阳”、“文吉”、“天祥”、“天赦”、“聚兴”、“元盛”等；二是在金店字号或吉祥用语的基础上加刻含金量，如“足赤”、“足金”、“赤金”、“九金”等。金饰款铭是金器商品化的产物，清代在金饰上普遍刻以各种款铭的现象说明，当时金饰已经完全成为市场上的流通商品，并被各阶层人士所青睐。

图十一

1　杨伯达：《中国古代金银器玻璃器珐琅器概述》，载《中国美术全集·工艺美术编·序》，第1～15页。

青铜器

三国

铜弩机

三国曹魏正始五年（244年）铜弩机1987年出土于北京市海淀区八里庄，现藏于北京市海淀区博物馆。弩机为铜质，外涂朱砂红色，由郭、望山、悬刀、牙、钩几部分组成。郭长13.6厘米，厚6.5厘米，弩机整体高约12厘米。悬刀底部有圆形穿，望山上刻有几段较短的平行线，应是用来瞄准的刻度。（图一）郭面刻有三行竖写隶书铭文："正始五年三月卅日左尚方造步弩耳监作吏王昭匠马广师张雄"。（图二）

图一

图二

弩机是弩的一部分，而弩则由弓发展演变而来。根据《说文解字》的解释，弩是带臂的弓，即在弓的基础上，又增加了弩臂和弩机。也就是说，完整的弩一般包括弩弓、弩臂、弩机三部分。弩与弓相比，优越性表现在两个方面：一是由于射手可以借助臂力以外的力量张弦，所以弩箭比普通弓箭的射程要远许多；二是弩把张弦与发射分解为两个独立的操作步骤，与弓箭射手在张弦的同时亦需瞄准不同，弩可以借助望山瞄准目标，提高了命中目标的几率。弩臂又叫弩椿，是弩的木柄，用以承托弩弓和弩机，弩弓横于弩臂的前端，弩机则嵌在弩臂的后部。早期的弩机直接镶嵌于木质弩臂中，秦汉时期开始在弩机外面加装了铜质的郭，这样可以使弩机承受更大的张力，继而提高射程和杀伤力。弩机是弩的钩弦发射装置，是控制弩箭瞄准、发射的关键部件。使用时，射手用手拉起望山，牙随之升起，钩心也被带起，下齿卡住悬刀的缺口，使弩机呈闭锁状态，这样就可以用牙钩住弓弦，将弩箭置于弩臂和郭上的矢道内，使箭括顶在两牙之间的弦上。发射时，往后扳动悬刀，牙随即下缩，箭乃随弦的回弹射出。

根据考古发现，早在新石器时代的遗址中，就发现有一种带有钻孔的长条形骨片或蚌片，据推测可能是原始木弩上的构件。[1] 在云南阿佤山区发现有距今约3000年的1000多个岩画图形，岩画内容十分丰富，其中在表现战争场面的画面里就有持弩而射的描写。早期的弩多用竹、木、骨等材料制作，杀伤力较低。而铜质的弩机至晚在春秋战国时期就已经普遍使用了。山东省曲阜鲁城3号和12号春秋战国墓中发现的弩机是比较早的使用铜质弩机的例证。保存完整、出土数量较多的铜弩机则当属湖南省发现的战国楚墓。其中1952年在湖南省长沙市南郊扫把塘138号战国墓出土的一件弩，其弩机、木臂和竹弓都基本保存完整，堪称战国时期弩的代表。汉代时，汉军与匈奴之间战争频仍，作为汉军得力防御兵器的弩得到了很大发展。不仅广泛使用前代已有的擘张弩和蹶张弩，而且还发明了腰张弩。同时，还成立了以弩手为主的步兵兵团，其指挥员职位中就有“强弩将军”的称谓。《史记·李将军列传》就曾记载了汉朝大将李广在与匈奴作战时，在兵力悬殊的紧要关头，以大黄弩射杀对方将领，从而一举扭转战局的经典战例。

海淀区八里庄出土的这件弩机在郭上刻有铭文，表明其制作的时间、管理部门、监作者以及制作人等信息，这其实是春秋时期以来“物勒工名”制度在三国时期的延续。《礼记·月令》载：“物勒工名，以考其诚，功有不当，必究其情。”可见，“物勒工名”制度是将制作过程和制作者等相关信息“勒名”于器物上，以便在发生质量问题时，能循名问责的一种制度。根据考古资料，在弩机上勒名的实物最早见于秦代。1978年2月，陕西省宝鸡市凤阁岭出土有一件秦代弩机，其望山正面刻“丞广”二字。“丞”指负责器物制作的官职，“广”为人名，刻铭简单明了。西汉时弩机刻铭格式大致为地名加职官加编号，如“南阳工官”、“河内工官”。广西壮族自治区贵县出土的一件弩机刻铭为“河内工官第廿四”。东汉弩机制作和刻铭更为严格。河南省灵宝市张湾出土的一件东汉弩机铭文为“永元六年考工所造八石机郭工吴孟作造工王山太仆监右工掾閰会伦丞诗掾□史旦主”，包括了制作时间、制作管理部门、弩机强度、制作人以及各级监督管理责任人。

三国时期，群雄割据，战争频繁，对弩机等兵器的需求也在不断增加。同时，受魏、蜀、吴三国不同政治、经济、军事状况的影响，在弩机生产制作中的“勒名”制度上也表现出各自的特色。其中，曹魏时期弩机刻铭的体例一般为“制作时间+管理部门+监作吏名+匠、师名+编号”。以海淀区出土的这件弩机为例，“正始五年三月卅日”为制作时间。《后汉书·百官三》载：“尚方令一人，六百石。

本注曰：掌上手工作御刀剑诸好器物。”由此可知，“左尚方”为制作弩机的管理部门，“王昭”为监作吏，“马广”为制作工匠，“张雄”为师。需要指出的是，“匠”和“师”均为掌握熟练技术的人，而“师”在自己参与制作的基础上可能还担负着教导新工匠学习技术的职责。

除北京地区外，其他省区也出土有曹魏时期的带铭文弩机。河南省新乡县大召营乡代店村曾出土有铭文“正始二年五月十日左尚方造监作吏□泉耳匠马广师王丙臂匠江子师宋阿生百一十七”的弩机。[2] 1959年1月，江苏省南京市石门坎建筑工地曾出土一件“正始二年”铜弩机，铭文中有“正始二年五月十日左尚方造监作吏□泉牙匠马□师陈耳臂匠江□聂……”字样。20世纪80年代，安徽省寿县出土有一件青铜弩机，在其郭右下角刻有铭文“正始二年五月十日左尚方造监作吏黾泉牙匠马广师口口臂匠江子师项天中”。[3] 比较这些出土弩机的铭文，在体例上都有统一的格式。值得特别注意的是，出土于河南、安徽、北京等不同地区的弩机上，都刻有制作人“马广”的名字，由此可以推测这些弩机都出自于同一个弩机制作机构，而马广应该是这个制作机构里的一名掌握熟练技术的工匠。这些正始年间弩机在“勒名”体例上的统一性也说明，在三国时期的魏国，兵器的制作是由中央统一控制的，在保证兵器质量的同时，也防止了各地拥兵自重的隐患，从而加强了中央政权对地方势力的掌控。

1 陆锡兴主编：《中国古代器物大词典（兵器 · 刑具）》，河北教育出版社，2004年第1版第251页。

2 安剑华：《从铭文看三国时期弩机的制造和管理》，载《成都大学学报》2008年第6期。

3 《正始二年铜弩机探究》，载“中华收藏网”之“收藏辞典”。

唐

飞鸟衔绶纹葵花镜

唐代飞鸟衔绶纹葵花镜1988年出土于清华大学校内，现藏于北京市海淀区博物馆。镜面为八瓣葵花形，花瓣外缘直径13.7厘米，半球形纽，镜面和镜背呈亮白色，有少许青绿色铜锈。镜面光素无纹。镜背纹饰分为内外两区，内区上部为对称展开的菱形交结绶带，两只飞鸟各衔绶带一角做飞翔状，下部饰一组变形荷莲纹，外区八个葵瓣与充当内外分界的弦纹之间饰以八组飞蝶和折枝花。（图一）

图一

这件铜镜的表面颜色与一般青铜器的铜绿色不同，而是呈现出反射效果比较强的亮白色，这与唐代高水平的铜镜制作工艺有关。唐代是我国历史上铜镜消费的一个高峰期，铜镜的制作工艺也已经达到了非常高的程度。上海博物馆文物保护科学实验室和上海材料研究所曾对这种亮白色青铜镜进行了表面处理技术的研究工作。经分析后发现，这种铜镜表面是一层非常薄的含有锡元素的物质，但与一般锡器使用后表层颜色逐渐黯淡不同，其保持光亮的原因是这种含锡物质为氧化锡，这层氧化锡薄膜隔绝了镜体与空气中氧气的接触，避免或延缓了镜体的氧化过程，使得镜面和镜背得以长期保持亮白色。多年来全国各地出土的唐代铜镜中，还有不少在出土时仍然保持着光洁如新的本来面目。比如1956年于陕西省宝鸡市姜城堡出土、现藏于陕西历史博物馆的双鸾葵花镜，河南省洛阳市矿山厂出土、现藏于洛阳市博物馆的双鸾衔绶葵花镜等。

图二（源自马承源主编：《中国青铜器全集·铜镜》第153页）

这件铜镜背面的纹饰为飞鸟衔绶纹。飞鸟、

绶带题材的纹饰在唐代铜镜中非常多见，常见的飞鸟有雁、喜鹊、鹦鹉等。绶带样式也是五花八门，但整体布局基本一致，均为镜纽上部为双鸟衔绶，下部为莲花、荷花等。飞鸟衔绶纹在唐代手工业生产中应用很普遍，不仅装饰在铜镜上，金银制品上也经常装饰有此类纹饰，如1980年在陕西省蓝田县汤峪镇杨家沟村唐代窖藏出土的凤衔绶带纹五瓣银盒就是其中的代表。唐代在工艺品上使用飞鸟衔绶纹装饰习惯是与当时的社会生活紧密相关的。西汉至唐代间广为传用的习字书《急就篇》有如下记载："纶组缕绶以高迁。"隋唐间著名语言学家和儒学家颜师古对此注曰："绶者受也，所以承受环印也。"由此可见，绶为古代系结帷幕或印纽所用的丝带，并且常用不同颜色的绶来标识官吏的身份和等级，代表配绶者的官秩禄位。也因为绶带含有这种入仕腾达的寓意，所以带有这类纹饰的铜镜等日常用品也受到了各阶层人士的青睐。

这件铜镜的纹饰与1983年陕西省凤翔棉纺厂出土、现藏于陕西省考古研究所的一件飞鸟衔绶纹菱花形镜的纹饰完全一致，[1]（图二）只是器形稍有差别，即前者为八瓣葵花形，后者为菱花形。根据造型和纹饰的整体风格可以推断出，两件铜镜应是出于同一个铜镜制作作坊。与此类似，浙江省绍兴博物馆收藏的唐代双鸾长绶镜与日本鸟取县三德山三佛寺收藏的鹦鹉纹铜镜，二者在造型、装饰方面则几乎完全一致，研究者将其称为"同模镜"。[2]那么，同一作坊的产品为什么会在相隔千里之外的北京和陕西分别出土呢？这里我们需要考察一下它们的产地。首先，截至目前还没有在两面铜镜出土地点发现铸造铜镜的考古资料。其次，根据史料记载和有关学者的研究成果，表明扬州是唐代铜镜的主要产地，这里汇集了能工巧匠和制作铜镜所需的各类原材料。结合其他地区出土的同类风格的器物分析，扬州非常有可能是这两件铜镜的出产地。而同一作坊生产的两件铜镜在不同地区被发现，也从一个侧面说明，当时的社会分工已经非常细致，各种工艺品的商品化程度也已经很高，加之发达的交通网络的支持，使地处边疆的幽州地区与关中的京畿地区、南方富庶地区之间有着频繁而稳定的贸易往来。

---

1 马承源主编：《中国青铜器全集·铜镜》，文物出版社，1998年第1版第153页。

2 陈浩：《唐代鹦鹉衔绶"同模镜"刍议》，载《东方博物》2004年第1期。

唐

卍字纹铜镜

唐代晚期卍字纹铜镜1985年出土于北京市海淀区南辛庄金代2号墓，现藏于北京市海淀区博物馆。铜镜圆形，直径15.6厘米，镜背边缘出廓，廓宽0.9厘米，圆纽，以纽为中心装饰有双勾线卍字纹图案，其外为两圈细弦纹，镜背整体装饰风格简洁大方，主题突出。（图一）

图一

卍字纹是一种古老的装饰纹样，早在新石器时期，世界上很多地区就开始出现了卍字纹。根据考古发现，早期的卍字纹几乎遍及所有古代文明地区。比如古代的希腊和罗马，北欧的斯堪的那维亚，苏格兰及爱尔兰，美洲的印第安土著文化，南美洲的玛雅文化，亚洲的两河流域、古印度，非洲的古埃及等地都曾发现有卍字纹的踪迹。在中国，最早卍字纹发现于湖南彭头山文化，距今已经有约9000年的历史。中国卍字纹不仅出现早，而且分布范围也很广。比如属于新石器时代中晚期的马家窑文化中的马厂类型（图二）、半山类型以及仰韶文化的庙底沟类型的彩陶装饰中都有卍字纹装饰。此时的卍字纹或许与人们的原始信仰有关，可能是以象征人类自身的骨骼构架的图案来表现灵魂不死的祖先崇拜观念，也就是说，这时的卍字纹应该属于原始图腾崇拜阶段。

图二（摄影：王伟华）

随着佛教传入中国，卍字纹开始与佛教密切结合起来，这时的“卍”既是一个独立的汉字，也是一种充满了佛教教义色彩的宗教纹饰。佛教造像中，“卍”代表轮回，表示释迦牟尼佛三十二相之一。“卍”在梵文中的读音为“室利靺蹉洛刹那”，意为“胸部的吉祥标志”。北魏时期的佛学家将“卍”字读音同“万”字，唐代早期佛学大家玄奘将其读音同“德”字，意为“万德庄严”，借以弘扬功德无量的佛法。武周时期，武则天于长寿二年（693年）将其统一读音同“万”字，并对此予以解释为“（其）着于天枢，音之为万，谓吉祥万德所集也”。这时的卍字纹被大量应用于佛教造像、壁画中，可以说，这时的卍字纹已经与汉化佛教密不可分了。晚唐以后，随着佛教汉化的不断深入，净土信仰广泛流行，佛教的世俗化倾向也越来越浓，卍字纹也随之渐渐走向了世俗化的演变之路。反映在手工业中的典型例证即为大量的日常用品中开始装饰有卍字纹，比如唐代中期之后卍字纹铜镜的出现和流行就反映了这种发展趋势。

出土这件铜镜的墓葬属于张氏家族墓地，其年代大约为金贞元至正隆年间（1153~1160年）[1]，因此，铜镜的年代下限应该是这个时期。那么，这件铜镜的制作年代是否就是金代呢？笔者认为，这件铜镜并不是金代当时的产品，而是制作于唐代晚期。理由有二：第一，根据现有考古资料，目前所见的卍字纹镜都集中发现于唐代中、晚期墓葬。如1954年四川省成都市羊子山唐德宗贞元五年（789年）墓出土的卍字纹铜镜；1956年河南省陕县刘家渠唐文宗开成三年（838年）墓出土的卍字纹镜；以及1978年湖南省益阳市赫山庙唐代宗宝应二年（763年）墓出土的卍字纹镜。[2]卍字纹铜镜集中出土于唐代中晚期墓葬中的现象与当时宣扬佛法的特定社会环境有着密切的联系，这也为卍字纹镜的出现和流行找到了社会背景方面的原因。第二，与这件铜镜同时出土的随葬品中还有一件用带有布纹的陶片磨制的古瓦砚，这件古瓦砚出土时位于墓主人身旁，属于墓主人心爱之物，这也说明墓主人有收藏旧物的爱好，由此也就不难解释唐代的卍字纹铜镜会出现在金代墓葬里了。随葬前朝古物的现象也说明盛行于宋朝的金石学在当时也影响到了辽金政权所统治的地区。

1 北京市海淀区文化文物局：《北京市海淀区南辛庄金墓清理简报》，载《文物》1988年第7期。

2 陈佩芬：《中国青铜镜发展概述》，载《中国青铜器全集 · 铜镜 · 序》，文物出版社，1998年第1版。

北宋

大晟钟

北宋徽宗崇宁四年（1005年）大晟钟1986年出土于北京市海淀区四季青乡，现藏于北京市海淀区博物馆。钟通高28厘米，铣距18.5厘米。此钟整体呈合瓦形，横截面呈椭圆形。纽为两条相对的扁体双夔龙，龙首相对，张嘴吐舌，龙身饰重环状鳞片纹，二龙之间有一方形小穿。钲部以束丝纹分割出篆带，以蟠虺纹为地，有36颗海螺式半球体乳枚。隧部以蟠虺纹组成弧形图案。（图一）钲部正面正中阴刻篆书铭文："大晟"（图二），背面铭文："中吕中声"。（图三）

图一

钟是古代宫廷用于征战、宴饮、祭祀等重大活动的乐器，既可以独奏、合奏，也可以为歌唱、舞蹈伴奏。另一方面，在"钟鸣鼎食"的礼乐时代，

图二

图三

钟除了用于演奏之外，更重要的是专属于统治者拥有和使用的、用以表示身份地位和等级权力的礼器。

钟的起源和发展在形制上大致经历了铃—铙—甬钟—纽钟的发展过程，在材质上经历了陶器—红铜—青铜的发展过程，在组合上经历了单个—三件一组—多件一组的发展过程。1983年出土于山西省襄汾县陶寺遗址龙山文化3296号墓中的一件铜铃是迄今发现的我国最早的金属乐器，这件铜铃高2.65厘米，器体横断面呈菱形，口部较大，顶部略小，顶端有一圆孔，系铸成后再加工而成的。[1] 经测定，该铜铃为铜、锌、铅的红铜合金，而其合瓦形的器体无疑是商周时期青铜铙的滥觞。殷商时期的青铜铙出土数量比较多，并且多以三件一组出现，其中又多集中在河南省安阳市殷墟遗址的贵族墓葬中。1961年河南省温县小南张出土的三件一组编铙，一铙可以发出两音，甚是精美。出土于殷墟四期安阳大司空村51号墓的三件一组编铙，其形制开始出现明显的变化。合瓦形铙体趋于细高，两铣和于口平直，甬部较长，钲部两边饰对称大回纹并在钲中间留有空白。这些新的特征，已经有了西周时期甬钟的雏形。20世纪70年代中期在陕西省宝鸡市益门茹家庄西周1号墓乙椁室出土的三件一组的甬编钟是目前所知最早的编钟。与商代编铙相比，西周时期的甬编钟在形制上最大的变化是在钲部出现了“枚”，36个圆柱形枚分布于钟体两面，可以起到改善音效和音质的作用。同时，随着甬部结构的改进，这时的编钟已经可以悬挂演奏了，较之铙甬部向下的演奏方式无疑已经有了很大的进步。西周是注重礼乐规制的时期，在编钟的使用上也有着严格规定，“天子宫悬（四面悬钟）、诸侯轩悬（三面悬钟）、卿大夫判悬（两面悬钟）、士特悬（一面悬钟）”就是这种礼制的写照。春秋战国时期，随着礼乐崩坏，诸侯僭越现象非常突出，伴随着诸侯王擅自铸造礼器、乐器的风气，编钟发展也进入了一个高峰期。这时的编钟形制五花八门，有甬钟、纽钟、镈、钲、铎、錞于等多达几十种，而其中又以甬钟、镈、纽钟为最多，并且在风格上也表现出各地不同的特点。1957年河南省陕县上村岭春秋时期虢国太子墓出土的一组无枚编钟，是目前所知年代最早的一组纽编钟。这组纽编钟共9件，形制上与甬钟最大的区别在于以纽代甬，表现出以甬钟的钟体与镈和铃的纽制相结合的特征。同地区出土的另一组纽编钟钲部及左鼓部所铸的铭文中有“铃钟”字样，这也说明了纽钟、甬钟和铃之间的渊源关系。这一时期最著名的编钟当属1978年在湖北省随县擂鼓墩曾侯乙大墓出土的编钟，这组编钟共有65件，包括纽钟19件、甬钟45件、镈1件。这套编钟按照大小顺序排列可分为三层，全套编钟重达2500多公斤，出土时完好地悬挂在铜木结构的钟架上，许多钟上都有错金铭文，记载了音律、音阶的名称以及曾国与周、楚、齐、晋律名、阶名之间的对应关系等内容。

宋代是金石学盛行的时期，复古之风也很浓郁，宋徽宗在位时对书画、金石、乐律等都备加推崇。宋徽宗是一位治国无方但艺术造诣颇深的皇帝，为了彰显其国泰民安的表面繁荣，崇宁年间，因其厌恶“旧乐如泣声”，乃诏命刘昺等人重创新乐。不久新乐拟就，试奏时“有数鹤从东北来，飞度黄庭，回翔鸣唳”，徽宗于是仿照尧之《大章》、舜之《大韶》的名称，“赐新乐之名曰《大晟》”，要求今后在祭祀、礼仪、外交等活动中，不许使用旧乐，而要全面使用《大晟》新乐。与此同时，在太常寺之外专设“大晟府”这一新机构，专门负责“乐”事，这也是我国古代礼乐制度中将礼、乐分而治之的开始。宋徽宗还亲自参与了制定《大晟》新乐的过程，并规定“正声之律十二，中声之律十二，清声凡四，共二十有八”，以“在律为声，在历为气。若气方得节，乃用中声；气已及中，犹用正律”来呼应二十四节气，以“上象著明器形，而下以声召气，吻合元精”来呼应二十八星宿。这件钟的铭文“中吕中声”即表示其为中声十二律之一。

《宋史 · 志八十二 · 乐四》记载：在《大晟》新乐颁行后，“（宋徽宗）崇宁四年（1105年）……先是，端州上古铜器，有乐钟，验其款识，乃宋成公时。帝以端王继大统，故诏言受命之邦”。于是仿照这套乐钟的样子铸造大晟钟，此次铸造的钟均在钲部篆刻乐名“大晟”和律名，并由“铸泻务”专门负责铸造事务。根据有关研究者考证，此次铸造的大晟编钟共有12编，每编28件，共计336件。[2] 据《续考古图》卷四载：“崇宁三年甲申岁孟冬月，应天府崇福院掘地得古钟六枚，以宋公钟又获于宋地，宜为朝廷符瑞，寻上进焉。”而《广川书跋》则进一步记述六枚古钟分别为“黄钟之宫、大吕之角、太簇之徵、夹钟之商、姑洗之羽和□□之□”。此记载与《宋史》所记出土地点不符，显然二者记述中必有一处是错误的。端州在北宋时属于现在广东省肇庆市，而应天府崇福院在今河南省商丘市。春秋时宋国属地仅限于今河南省境内，从来没领有过今广东地区，因此宋成公编钟出土于广东地区的可能性几乎不存在。另外，宋徽宗是在与申王、简王竞争中登上皇位的，为了牵强“帝以端王继大统，故诏言受命之邦”的天意，故意将其渲染为端州出土的可能性是存在的。因此，宋成公编钟在宋代时的出土地点应该是应天府，而不是端州。

在皇帝亲自参与下，北宋的乐律得到了很好的发展和普及，为了配合乐律而铸造的大晟编钟的质量也是很高的。据《宋史·刘诜列传》载：“他日，禁中出古钟二，诏执政召诜按于都堂，诜曰：‘此与今太簇、大吕声协’。命取大晟钟扣之，果应。”据有关专家研究对比发现，迄今发现的大晟钟与《博古图》所描绘的宋成公钟基本一致，证实了大晟钟是源于宋成公钟的模本。

宋钦宗靖康二年（1127年），金兵攻占汴梁，掳二帝北上，包括一部分大晟钟在内的文物重器被掳走。据史载，当时有多达“二千五十车”的文物重器被从汴梁运抵燕京，其中半数后来又被解往上京，剩余半数被分赏给了有军功的女真贵族。金皇统元年（1141年），金熙宗加尊号，“始就用宋乐”，因钟上刻“晟”字犯金太宗完颜晟之讳，用黄纸将大晟款封住使用。金世宗大定十四年（1174年），太常始议：“历代之乐各自为名，今郊庙社稷所用宋乐器犯庙讳，宜皆刮去，更为制名”。于是乃取大乐与天地同和之义，名之曰“太和”。又将中都郊庙社稷所用的宋代大晟乐器刮去大晟原款改刻“大和”，这也就是现存的大晟编钟中有“大和”铭文的原因。

元代初年，朝廷也曾使用过大晟钟。《元史·志十九·礼乐二》载：“钟用宋、金旧器，其识曰‘大晟’、‘大和’、‘景定’者是也。”

迄今所知的大晟钟大约共有二十七件。收藏情况如下：北京地区九件——除海淀区出土的这件大晟钟之外，故宫博物院收藏有八件，除一件乐名为“大和”外，其余七件均以“大晟”为乐名，律名分别为“夹钟清”、“黄钟清”、“林钟”、“夹钟”、“大吕清”、“蕤宾”、“无射中声”；上海博物馆四件——乐名与律名分别为“大晟、蕤宾中声”，“大和、太蔟清”，“大和、夹钟”，“厘录伯作宝钟、南吕中声”；辽宁省两件——一件藏于辽宁省博物馆，另一件藏于建平县文物管理所，乐名均为“大晟”，律名分别为：“南吕中声”、“黄钟中声”；陕西省两件——一件藏于陕西省博物馆，乐名为“大晟”，律名不详，另一件藏于西安市文物管理处，乐名“大和”，律名“应钟”；河南省两件——一件藏于开封博物馆，乐名“大晟”，律名“夷则”，另一件藏于洛阳市博物馆，乐名“大晟”，律名“姑洗”；河北一件——藏于河北省博物馆，乐名“大和”，律名“南吕中声”；湖南省一件——藏于湖南省博物馆，乐名“大晟”、律名“黄钟清”；浙江省一件——藏于临海市博物馆，乐名“大和”，律名“应钟”；山东省一件——藏于曲阜孔子博物馆，乐名和律名不详；台湾省两件——均藏于台北故宫博物院，乐名一件为“大和”，一件刮去“大晟”后未重刻，律名分别为“夷则”、“蕤宾”；国外两件——一件藏于加拿大多伦多博物院，乐名“大和”，律名“无射”，一件被日本收藏家收藏，乐名“大晟”，律名“姑洗中声”。

海淀区博物馆收藏的这件大晟钟出土于北京市海淀区四季青乡西山地区的筑路工地，具体出土地点和埋藏环境已经无法考证，虽经海淀区文物管理所原所长王宁先生多次实地勘察仍无线索，甚为遗憾。然而这一地区与金章宗时期西山八院相去不远，其是否与金章宗巡幸以及西山八院之间有着某种联系？这种假设或许可以帮助我们在一定程度上拓宽对这件大晟钟的研究思路。

1 杜廼松：《古代青铜器》，文物出版社，2005年第1版第28页。

2 陈梦家：《宋大晟编钟考述》，载《文物》1964年第2期第53页。

鎏金铜爵

明代鎏金铜爵1985年出土于北京市海淀区八里庄杜茂墓，现藏于北京市海淀区博物馆。爵通高8.7厘米，流与尾之间长9厘米，宽5.5厘米。元宝形敞口，短流，翘尾，莲蓬形双柱，筒形腹，圜底，蹄足，腹部一侧有鋬。系采用分部铸造，再焊接成器的工艺制作而成。口沿外侧有一圈二方连续回纹装饰带，腹部以雷纹为地，饰以两组夔纹，三足呈兽首吐舌造型。爵为青铜质地，通体鎏金。（图一）

爵一方面具有实用功能，是一种酒器。年代相当于传说中夏朝的河南省偃师二里头文化出土的铜爵、陶爵是早期爵的代表。此处出土的铜爵是迄今发现最早的铜爵实物，其中一件经电子探针法测定，含铜92%、锡7%[1]，应是中国已知年代最早的完整青铜器之一。这时的铜爵虽然胎壁较薄，表面粗糙无纹饰，但是已经运用了复合范铸造工艺，具有相当高的水平。而陶爵与盉、觚等器物组成的酒器，是二里头文化陶器的主要特征之一。另一方面，爵也是一种礼器。礼器具有标志身份、等级、权力的特殊意义，是礼制的具体体现。在商朝礼制中，爵扮演了非常重要的礼器角色。在已经公布的考古资料中，无论是贵族的大型墓、中型墓，还是一般平民的小型墓，都出土过铜爵或者仿铜陶爵作为陪葬礼器。河南省安阳市殷墟武官村大墓虽然曾经被盗，但仍出土有鼎、爵、斝等礼器残片。湖北省黄陂盘龙城李家嘴2号墓一次出土青铜礼器23件，包括鼎、鬲、甗、簋、觚、爵、斝等食器和酒器。小型墓如河南省郑州市白家庄3号墓出土有鼎、觚、爵、斝、罍青铜礼器9件。事实上，关于爵的酒器功能，在学术界和收藏界是存在争议的，分歧主要源于爵在饮酒时，爵柱与眼睛之间的角度会给饮用造成不便；与之相比，爵的礼器功能则几乎没有异议。西周时期，周礼肇兴，到西周晚期，炊食器和乐器成为承担礼器功能的主要器物，而爵和其他饮酒器则基本绝迹。

明朝伊始，面对元朝统治者“分而治之”政策遗留的社会问题，明太祖朱元璋将恢复、完善礼制作为其加强封建中央集权的有力措施之一。他优先建立了礼、乐二局，“广征耆儒，分曹究讨”，于洪武三年完成《大明集礼》的编纂，并经弘治、嘉靖、万历等多次修订，最终完备了明代礼制。明代礼制中，爵作为礼器在明代“吉”、“嘉”、“宾”、“军”、“凶”五礼中都扮演着重要角色。

明代的吉礼分为大祀、中祀和小祀，而祭祀天地、宗庙、社稷、山川的大祀由皇帝亲自进行。在这些祭祀活动中，爵和豆、簠、簋、尊等是主要的祭器组合。其

图一

图二（源自《中国美术全集·金银器》第90页）

中，用爵的数量少则几件，多则几十件，如祭祀历代帝王时用爵数高达四十八件。爵作为祭器不仅用于陈设，而且还动态地贯穿于整个祭祀程序中。以郊祀为例，皇帝在祭祀仪式中需先“诣爵洗位”，然后洗爵、拭爵，之后，将爵授予执事者，由执事者斟酒于爵内，并将盛有酒的爵祭奠于神位前，奏乐结束，由皇帝将爵中的酒饮用完毕，是为“福酒”。可见，爵比之尊、簠、簋、豆等食器在祭祀活动中所起的作用更加重要。

在明代嘉礼中，宴飨是一件非常重要的事，从朝廷的“大宴”到“乡饮”都有“无酒不成席”的规矩。而就饮酒的程序来说，爵就成了宴飨礼仪的具体体现之一。据《明史·礼志》记载，明代的大宴仪有大宴、中宴、常宴和小宴之分，其中大宴多是在宗庙及宫殿落成等大事或立春、端午等特定的节庆举行。一般大宴的宴会场所在奉天殿，文武百官会集一堂，舞乐齐聚。宴会所用酒具根据与会者身份差别而有不同，皇帝用爵，其他人用盏。光禄寺“开爵注酒”后，将盛满酒的爵进献御前，每进一爵，乐队就会演奏不同的曲目，以此来盛赞皇权和祝福江山永固，直至进完九爵，演奏完九曲，皇帝所用御爵才由光禄寺撤下。与朝廷的大宴相比，乡饮的规格与气派显然要小许多。尽管如此，在乡饮酒礼中，仍然需要向长辈或身份地位相对高的人“洗爵”和斟酒。

除了宴飨礼仪之外，皇帝加元服，皇太子、皇子行冠礼，天子纳后，皇太子纳妃，皇帝视学仪，郊祀仪等仪式中都有关于爵使用的规定，“取爵”、“盥爵”、“帨爵”、“执爵”、“献爵”、“奠爵”等等，每一个程序都体现了爵在明代宫廷礼仪中扮演的重要角色。

明代礼制中的爵从质地上来看，除了常见的青铜爵之外，还有瓷爵和金爵。瓷爵也称“匏爵”，其作为礼器大约出现于宋代，而明代瓷爵则作为太庙祭器使用。相对于瓷爵，金爵更加得到明代礼制的青睐。《明史·礼志》中就有皇室使用金爵的记载，以开始于明英宗大婚时的天子纳后仪为先例。当皇帝迎娶皇后之时，在内殿需要用金爵合卺饮酒，以寓成双成对之意。洪武年间在太庙祭祀中，也曾使用过八只金爵。弘治时期的太庙祭器中，金爵的数量达到了十七只之多。1958年北京市昌平区定陵曾出土有一件带托盘的金爵，爵与托盘均为金质，采用锤鍱成形和镶嵌宝石工艺，爵腹和盘内底均装饰有二龙戏珠纹饰。据《明史·志三十·礼八》记载，明万历三年正月，万历皇帝在加元服仪式上曾“执爵而酳”，此爵与定陵出土金爵之间是否存在着某种联系，不禁给我们留下了丰富的想象空间。

明代金爵的使用有着严格限制，或许是囿于黄金原料的局限，抑或是打僭越擦边球的需要，在金爵之外，逐渐出现了鎏金铜爵、鎏金银爵。海淀区出土的这件鎏金铜爵的主人是明泰昌元年司礼监秉笔太监杜茂，杜茂曾任“承天督护”，即“湖广承天府守备”，职责是护卫显陵，即嘉靖皇帝生父兴献王朱祐杬的陵墓。鉴于杜茂曾为掌管宗庙祭祀的大员，并兼任矿监的有利条件，加之明代太监贪污成风的时代背景，其拥有鎏金铜爵也就不难理解了。1982年，湖南省通道县瓜地村南明窖藏曾出土有一件鎏金银爵，其在造型和纹饰上与海淀区出土的这件非常相似。（图二）从地理位置上分析，这里与杜茂曾经任职的荆、襄地区比较接近，两件鎏金爵是否都制作于附近的同一个作坊呢？这种猜测还有待更多的资料来加以证明。

1　杜廼松：《古代青铜器》，文物出版社，2005年第1版第26页。

墓志

唐

郭君墓志

唐开元二十一年（733年）郭君墓志1981年出土于北京市海淀区钓鱼台东门北侧，现藏于北京市石刻艺术博物馆。盖为盝顶式，长78厘米，宽78厘米。盖文四字两行竖写篆书。盖四刹线刻十二生肖兽首人身像，人像体形窄小，顶部绘变形忍冬纹，四角线刻如意云头纹组成的宝相花图案。志长78厘米，宽78厘米。志文24行，满行25字，楷书。志文书写在十字方格中，字体清秀，排列整齐。志石右上角残缺。（图一、二）

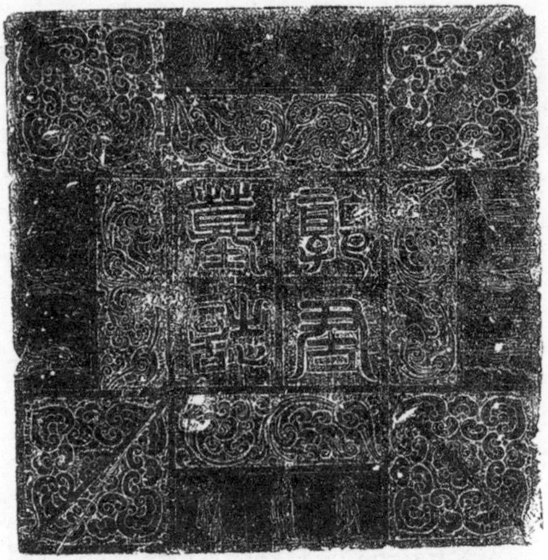

图一（源自高景春主编：《新中国出土墓志·北京·壹》上册第4页）

盖文：郭君」[1]墓志

志文：

⧄[2]应制梁州城固丞王利贞词」

⧄作而贤良举，况乎承家才子，是曰公⧄先太原北都，今居于燕，遂为蓟人矣。」⧄以人物尊扬，奕以佐命词翰，可略而」⧄唐义举之元从、银青光禄大夫、振卫」⧄郁为门宗。祖祎，上柱国。人唯齐礼，勋」则奉□[3]。考□□。神明夙成，幼契玄道，晓不崇安，名非其真。以为」树荫千牛，枝高百丈，太平戢翼，轻彼簪裾。有唐逸人，里闬为善。」府君，逸人之第四子。赋是贤英，禀于仁孝。平生性与词学周旋，谈」唯王霸之交，行必中和之侣。得烟霞之胜躅，乐以忘年；殖诗酒之」通闲，神唯张王。出则金羁昭路，宝马临云；坐则甲第当衢，家僮若」月。资等王孙之积，财丰猗顿之饶。夫以崇其身，训于子，不入有过」之地，克遵无妄之途。卒后之书，教成《论语》；王者之法，习以《春秋》。将」谓华屋邀欢，竹林终宴，讵知穷泉聚魄，蒿里先归。以开元十七年」八月十三日，卒于里第，时年六十七。人之云亡，邦国殄顇。士叹埋」玉，客思沾衿。即以开元廿一年七月廿日，安厝于蓟城北丰乐乡」之礼也。夫人昌黎郡韩氏。柔仪月暎，淑慎星晖。中馈该玉梱之」恭，内政得锦闺之美。誉贤明于孟母，推令则于樊妃。簟月催悲，时」

图二（源自高景春主编：《新中国出土墓志·北京·壹》上册第4页）

观独拜；榴花进寿，乍列长筵。长子休琼，次子休琮。兰崇户外，玉树」庭前，擢卫玠之清姿，竭曾参之孝思。生事之以礼，死葬之以礼。仆」窃唯乡闬，耳目昭昭，见托圆石之文，敢题珠璧之美。铭曰：」

堂堂有道，休烈乃光。卓其国士，万年为芳。其一。于唯明德，保乂后尔。」令闻令望，邦之君子。其二。一朝埋玉，千古非今。天长思远，地久悲深。」顾松杨之切切，唯下泪与伤心。其三。

一、墓主人家世及生平

由于墓志残损，从志盖判断，墓主人姓郭，名讳不详。[4]从志文记述可知，郭君生于唐高宗龙朔二年（662年），卒于唐玄宗开元十七年（729年）。郭君家世显赫，其先祖曾追随唐高祖李渊从太原起兵反隋，并被编入唐代的元从禁军，之后举家从长安迁到幽州。虽然此后家族子弟没有当官，但是受门荫制度的优待，其祖父郭祎被封上柱国阶官。到了其父辈时期，就已经树荫千牛，枝高百丈了，在当地里坊中有“逸人”的美誉。墓主人郭君即为“逸人”第四个儿子。从志文来看，他饱读诗书，注重修养，喜填词赋诗，好琴棋书画，虽然终生未仕，但家资丰饶，过着“宝马雕车”、“家僮若月”的富足生活。其夫人为昌黎韩氏，育有二子即郭休琼、郭休琮。

二、反映的历史史实

墓主人一家之所以能养尊处优地过着富足士大夫的惬意生活，是与其先祖曾跟随李渊打天下分不开的。唐建国后，唐高祖将从太原带来的三万“从龙军”作为专门的宫城宿卫编制，称为“元从禁军”。因为这支军队成员终身为皇帝亲兵，待遇优厚，并且实行父死子替的世袭模式，所以又称父子军。墓主人先祖即为从龙军成员，所以他家世代享有朝廷优厚的待遇。有唐一代，这支禁军内部经过了多次改制，唐玄宗时，因朝廷对边疆地区战事较多，许多禁军为了建立战功，都纷纷迁到边塞地区。当时幽州是唐朝中央政府与东北奚、契丹交战的重要地区，墓主人先祖即是此时迁入燕地，“遂为蓟人”的。事实上，在北京地区出土的唐代墓志中，有许多都记载其先祖是太原人，而且这部分人身份地位都比较高，直到安史之乱后这些人在幽州政府中仍然扮演着重要角色。郭君墓志中的“唐义举之元从”，“……郁为门宗”等记载和北京地区众多祖籍太原人士的墓志，对研究唐代元从禁军的源流提供了直接的实物资料。

东晋士族陶渊明的一篇《桃花源记》让生活在当今的人们领略了自给自足隐居生活的惬意和对无忧无虑乐土的向往。其实，从这篇志文中，我们也看到了位于唐王朝东北边陲的幽州也有“世外桃源”的美好所在。与陶渊明相比，郭氏宗族是凭借军功，在“太平戢翼”后缘于门荫恩惠才拥有“树荫千牛，枝高百丈”的经济基础。这种现象既让我们管窥到唐代边疆地区的军事战略地位和土地分配制度之一斑，同时也描绘出了盛唐时期社会稳定、经济发展的历史画卷。“中和”、“贤孝”是儒家思想的重要组成部分。孔孟之道从西汉确立其思想领域的主导地位以来，经过魏晋门阀士族思想的洗礼，到了唐代，已经非常成熟并有着广泛的影响力了，即使是地处边远的幽州，也是一派中庸和谐的景象。从墓主人父辈开始，就已经是“轻彼簪裾”、“里闬为善”的“逸人”了。到了墓主人时期，是彻底地弃武从文了，四书五经无所不熟，琴棋书画样样精通，尽享“谈唯王霸之交，行必中和之侣”的潇洒。在中庸思想的影响下，也隐藏着“不入有过之地，克遵无妄之途”的小心翼翼。总之，比之东晋陶渊明的桃花源，这里除采菊东篱下、悠然见南山的自由与惬意外，似乎多了几分崇尚“金羁昭路，宝马临云”的俗气。

从志文的文辞风格可以看出魏晋以来门阀士族崇尚的隐士、清谈审美标准在盛唐时期对文人士大夫人生观和价值取向的影响。“得烟霞之胜躅，乐以忘年”，是指旅行家谢灵运；“殖诗酒之通闲，神唯张王”，则是指画家张僧繇和书法家王羲之；至于“华屋相邀”、“竹林七贤”更是魏晋清谈雅士的代表。尺寸之间的冰凉文字，却道出了一个中国书画史上重要的现象，即魏晋书画艺术的杰出成就对唐代书画界的影响是非常深远的。事实上，魏晋南北朝以来，随着隶书、楷书、章草等字体逐渐成为日常使用的文字，书法和绘画艺术的发展随即也步入了一个新的历史发展期。新兴的书法、绘画艺术在门阀士族中间很快普及开来，并创造出了丰硕的成果。其中张僧繇、曹仲达、顾恺之、王羲之、王献之等人的艺术成就直接影响了唐代的艺术创作和审美情趣。志文作者用短短的几行文字几乎总结了魏晋与唐代书画艺术传承之间的渊源继承关系，实在是一篇精辟的书画艺术史论文，为千余年后的我们提供了宝贵的历史资料。

三、墓志的地方志研究价值及相关人名、地名介绍

此墓志是海淀区迄今发现的年代最早的墓志，该墓志的发现，对研究盛唐时期幽州地区的历史地理、风土人情等提供了非常珍贵的实物资料。

志文内容虽然不多，但作品语言精美、行文流畅，虽有魏晋以来骈文之风，但无辞藻堆砌之意，尽显唐代墓志行文的特点和风格。

志文作者王利贞史籍无载。志文中涉及的墓主人家人史籍中均无记载。卫玠（286～312年），字叔宝，河东安邑（今山西省夏县）人，是魏晋之际继何宴、王弼之后著名的清谈名士和玄理学家。曾参（公元前505～公元前435年），字子舆，春秋末年鲁国南武城（今山东省嘉祥县）人，曾参十六岁拜孔子为师，他勤奋好学，积极推行儒家主张，传播儒家思想，是孔子学说的主要继承人和传播者，与孔子、孟子、颜回、子思并称为五大圣人。他性情沉静，举止稳重，为人谨慎，待人谦恭，以孝著称。

志文作者为梁州城固县丞。梁州，即今陕西省汉中、安康、商洛一带。梁州的地名由来已久，早在传说中大禹治水之后，即将中国按照河川走向分为九州，分别是冀州、兖州、青州、徐州、扬州、荆州、豫州、梁州、雍州，比如南宋诗人陆游的一首《示儿》："死去元知万事空，但悲不见九州同；王师北定中原日，家祭无忘告乃翁。"这里即是将九州比喻为中国。而九州中的梁州是因其境内的梁山而得名，治所和范围时有变化，但始终没有超出陕西、四川北部、湖北西部一带。城固，即今天陕西省城固县。唐高祖武德二年（619年）改城固为唐固，唐太宗贞观二年（628年）恢复县名为城固。志文为唐玄宗开元年间（713～741年）所作，这为研究当地的地名沿革提供了实物资料。

志文中出现了"蓟城北丰乐乡"的地名。"蓟城"即指幽州，诗文中也常称为"蓟门"。[5] 记录唐代幽州"丰乐乡"地名的墓志仅见于此孤例。据著名考古学家赵其昌先生考证，丰乐乡地处唐幽州城西北，隶属于幽都县，大致范围东与归义乡、西与房仙乡、北与保大乡、南与太平乡或美锦乡为界，乡域范围狭小，今钓鱼台一带即属于当时丰乐乡所辖区域。[6]

1　笔者注："亅"表示墓志原文另起一行，下同。

2　笔者注："⍁"表示墓志原文残缺字数不详，下同。

3　笔者注："□"表示墓志原文残缺一字，下同。

4　笔者注：赵其昌著《唐幽州村乡再探》中记为"郭元贞墓志"，载《京华集》，文物出版社，2008年第1版第56页。

5　赵其昌：《蓟门辨》，载《京华集》，文物出版社，2008年第1版第28页。

6　赵其昌：《唐幽州村乡再探》，载《京华集》，文物出版社，2008年第1版第56～57页。

王公淑墓志

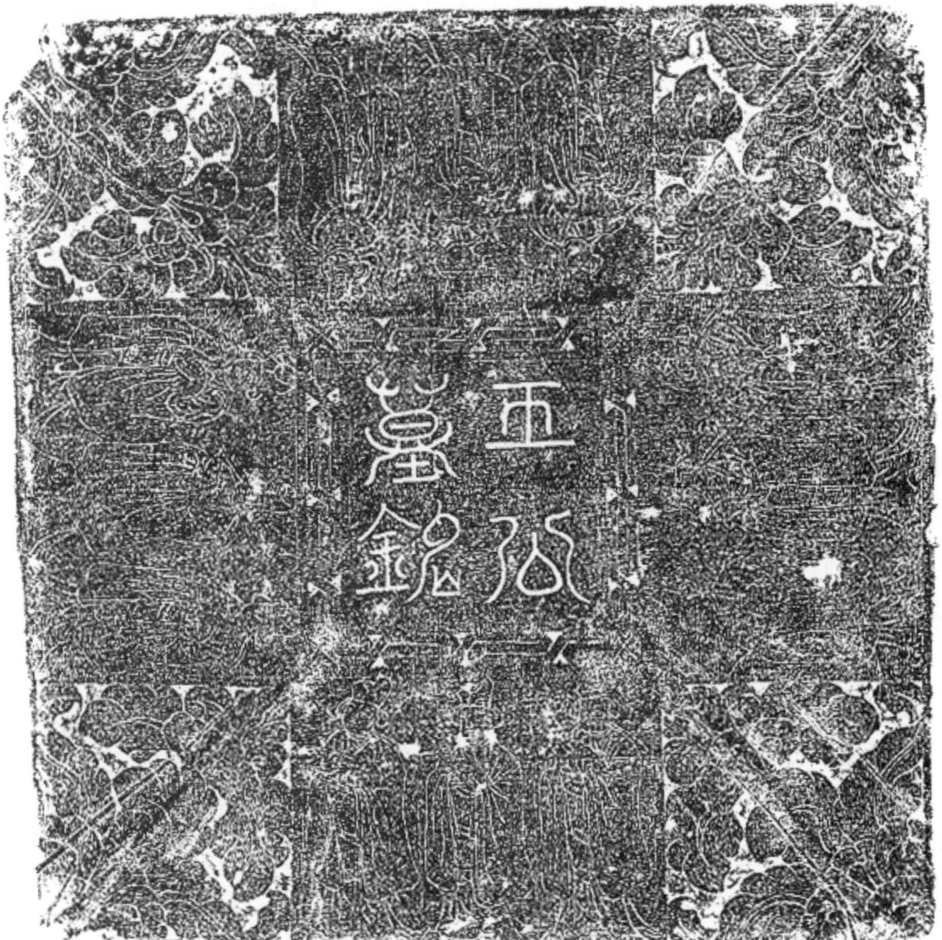

唐大中二年（848年）王公淑墓志1991年出土于北京市海淀区八里庄，现藏于北京市海淀区博物馆。盝顶式盖长61厘米，宽62厘米，厚9厘米。盖文两行，四字竖写篆书。四刹线刻人物手捧十二生肖，脊线处为牡丹纹装饰。志长61厘米，宽62厘米，厚9厘米。志文28行，行16至35字不等，楷书。盖、志均为青石质地，保存完好。（图一、二）

图一

盖文：王公」墓铭

志文：大唐故幽州节度判官兼殿中侍御史银青光禄大夫检校太子宾客卢龙节」度留后营府都督柳城军使平州诸军使平妫等州刺史上柱国太原王府君墓」铭并序

儒林郎试率更寺丞摄幽府功曹参军寇伦撰」

府君讳公淑，字均，太原人也。其先周灵王之子，得道升天。后裔以贯三才而为王，遂千」古以作氏。四十代之余庆，八百年之洪休，垂裕奕叶，固其宜矣。曾祖亮，皇幽州节度衙前」虞候。祖连，皇卢龙节度要籍。烈考戬，敦诗阅礼，果行鬻德，厌问羔雁之征，不」改箕颖之操。府君即徵君之元子也。悬弧之时，弄璋之仪，足慰九族之心，已骇四海之目。」五岁从师受业，百家罔不渔猎。乡人数荐，观光京辇。元戎累辟，解褐幽州节」度要籍。立谈边务，坐见尘清。持署卢龙节度巡官，紫塞繇是又安。智略勇于灸輠，安」危恃其参佐、政令合宜，庶绩允畅。迁幽州节度判官、兼殿中侍御史。蕴魏绛和戎之美，」恢田畴开塞之功，扬名阃外，就列殿中。恩光宠赐，荣曜金紫。授卢龙节度留后、营」府都督、柳城军使、平州诸军事、平州刺史。扇和风以靡草，冒灵雨以赴期。虎闻渡河，不假」飞将之射；民和让畔，甚于西伯之时。乐输井税，转牧妫汭。入境露冕，下车求瘼。奸邪屏」迹，疲甿息肩。邻有凋敝，借以抚绥。更充防御军使，古人辞大不辞小之义也。趣装莅之，政理」仁慈，边俗乐业，邦家遽肥。遵老氏之止足，同泉明以朅来。祁奚请老，莱子宁」亲。返驾角巾，色养不遗。神昧福善，天胡夺魄。春秋六十九，大中二年十月十四」日，兑易箦归全于蓟门私第。六年二月十七日，祔葬于先吴氏夫人之真宅，候」通年也。夫人吴氏，濮阳人。太伯封吴，子孙著姓。皇节度驱使官

图二

之女。」年才十七，庙见榛栗。孝乎祔舅姑，工于织纴，闺门肃穆，中外克谐。呜戏（呼）！命矣！不享遐龄，五十有一，属纩牖下，开成二年九月廿五日。幽邃华堂，俄」成凶室。来年三月十三日，窆于幽州幽都县西北界樊里之原，礼也。子八人，女三人。长」曰弘裕，幽州昌平县丞。次子弘爽、弘庆、弘道、弘安、弘信、弘顺、弘德，俱禀」仪方，深闲缉理。婚偕茂族，归尽名家。暨丁悯凶，几至灭性。哀荣薤露，称」家送终。抑呼天殒绝之声，假玄壤乃迁之志。铭曰：」

蓟北迥野，原上孤坟。朱轮走日，皂盖凝云。」夫人茂族，玉洁兰薰。神游冥寞，风散氤氲。」剑沉渌水，为龙不分。雁随丹旐，栖陇离群。」祔遵周礼，哀恸吾君。积德素行，载扬斯文。

一、墓主人生平

墓主人王公淑，祖籍太原。从其曾祖父开始，就已经迁到幽州，并在幽州任中下级官吏。根据铭文可以推断出王公淑出生的年代应是唐代宗大历十四年（779年）。由于其出生于门荫世家，因而早年有机会“观光京辇”。借藩镇招兵扩军的机会，王公淑得以“解褐”入仕，并逐步进入节度使管理层，成为幽州节度使的幕僚。在其任职期间，受唐代后期官制混乱的影响，获得了许多节度使给予的封官，不过这些官职多为有名无实的虚衔。王公淑死于唐宣宗大中二年（848年），并于大中六年（852年）与其夫人吴氏合葬于“幽州幽都县西北界樊里之原”。王公淑夫人吴氏也出生于节度使幕僚家庭，于此可以窥探到封建社会联姻所讲究的“门当户对”的理念。其长子为“幽州昌平县丞”。从王公淑曾祖父到其后代的仕途生涯，也可领略到唐代社会“门荫入仕”的历史遗痕。

二、王公淑的官职

铭文中提到王公淑的官职头衔达十个之多，其中既有有名有实的职事官，也有有名无实、仅代表身份和地位的文散官和勋官，还有为获得“衣冠户”身份以便专为逃避差役而设的假职。这里分别稍作介绍：

幽州节度判官——幽州节度使是唐代最早设立的节度使之一，可以说是唐代一个老牌的藩镇。节度判官为“节度使”的属官之一，秩正七品，与“观察判官”分别负责处理节镇或观察使事务，分判兵、刑、工或吏、户、礼案事。

殿中侍御史——参照唐代中央官制序列，此官属御史台三院之一的“殿院”，兼“知左右巡”，掌殿廷仪卫和京师[1]左右二街之纠察。

银青光禄大夫——唐代从三品文阶官。或称加银印青绶衔之光禄大夫。

节度留后——唐代节度使之子弟或亲信将吏代行职务者，称为“节度留后”，事后多由朝廷补行任命为正式节度使。[2]

检校——唐代时专门检校文书的官职。

太子宾客——唐代中央官职，指为太子选拔的五名宾友，多以他官兼领。这里显然不是中央官职，但是由于节度使割据藩镇拥兵自重，也自设此官。

都督——本来为“节度使”的前称，后唐代后期常作为“赠官”设置。

军使——唐代的都督府下设军、城、镇、守捉各级建置，其长官均称“使”，分别负统兵镇守之责。其中“军”的长官称为“军使”。

刺史——唐代的刺史与前朝刺史相比已没有实权，在藩镇管辖范围内均属“节度使”属官。

上柱国——唐代正二品勋官。

以上所列官称中，幽州节度判官兼殿中侍御史为王公淑的职事官，银青光禄大夫为文散官，上柱国为勋官，都督、军使则为专为获得“衣冠户”身份而具有的假职。“衣冠户”是伴随着唐德宗建中元年（780年），宰相杨炎制定的两税法而出现的。两税法把隋唐以来租庸调法中的租庸杂徭并入两税，但保留了差科，由此差役更成了唐代后期人民生活中的沉重负担。为了逃避差役，大大小小的地主用假托为僧、隶名仓场盐院以及在诸州、诸军假职等办法逃避差役。很多地主竭力营求一官半职，官满即移住他州，兼于诸军、诸使假职，便称“衣冠户”。没有得到官位的富豪，就交纳一定财物给衣冠户，用典贴的名义，把自己的财产全部系在衣冠户的名下，以减轻两税，并全免差役。

三、铭文中的地名

铭文中涉及的地名主要集中在幽州地区，这里是唐朝疆域的东北边界，是与东北地区少数民族奚、契丹接壤之处。奚是居住在濡河（今滦河）流域，从事畜牧业和农业生产的古老民族。契丹是居住在潢河和土河（今西拉木伦河和老哈河之间）流域，从事畜牧业的游猎民族。唐太宗贞观年间，奚和契丹归属唐，朝廷在奚地设置饶乐府，在契丹地设置松漠府，均受营州都督府节制。之后，契丹曾多次出兵攻陷营州、冀州、幽州的许多城邑，唐王朝依靠突厥和奚的帮助才将契丹打败。自此，幽州、营州即始终处于战乱与和平互相交替的民族文化交流和融合的地区。唐代晚期，随着唐朝势力的衰弱，民族间的战乱更加频繁，营州、幽州地区的节度使从自身利益考虑，在所辖区域内大量征集兵徭，以驻守这些重要地区。铭文中提到的营州、柳城、平州、妫州等地即为驻军守护的战略要地。营州，治所位于今辽宁省朝阳市。柳城，位于今辽宁省朝阳市境内，唐代时隶属营州管辖。平州，位于今河北省唐山市和秦皇岛市一带。妫州，治所位于今北京市延庆县一带。

另外，蓟门即为幽州，也称蓟城。蓟门一词在唐代多用于文人墨客的诗词文章中，泛指幽州。现海淀区学院路元大都土城遗址上立有一通“蓟门烟树”石碑，是清乾隆皇帝御笔亲书，不过碑文所指的蓟门并不是唐代的蓟门，而是元大都肃清门。幽都县是幽州下辖县，位于幽州城西部，今天的京西海淀区南部即属于幽都县辖域。唐代初期武德年间规定：“百户为里，五里为乡，四家为邻，五家为保，以城邑居者为坊，田野居者为村。”可见当时里和村是有区别的。里是依户数而定的偏重于户口和赋税管理的基层单位，而村是指离城邑较远的、主要以从事农业经济为主的聚落。铭文中提到的“樊里八里庄”可以理解为由八里庄等几个人口较少的聚落共同组成了一个里，即樊里。同时也可以得知，当时海淀区八里庄的居住人口是低于一百户的。

四、墓志所体现的选官制度

众所周知，我国古代有名的“科举取士”制度是在唐代开始实行的，然而发生在唐代后期的幽州地区官吏的“解褐入仕”却根本看不到科举的影子，这是怎么一回事呢?

实际上，唐代的科举与我们所熟悉的明清时期的科举有着很大的不同。唐代的科举分为常举和制举两种。常举是取得出身资格的考试，考试每年都有举行，分为秀才、明经、进士、明法、明书、明算等科，其中以明经和进士为多。考生既有国子监和州、县学的生徒，也有经过州试由地方举送中央的乡贡。明经考试着重于儒家经典的记诵，进士考试着重于诗词歌赋。通过常举考试只能取得出身资格，还需经过吏部组织的专门考试才能正式做官。制举是由皇帝临时定立名目下令开考的考试，其名目很多，比如文辞清丽科、博学通艺科、武足安边科等等达百种之多。一般平民及官吏均可参加制举考试，考中以后，原有官吏立即升迁，无官者立即由吏部给以官职任命。

另一方面，纵观唐代选官制度，科举制并没有彻底淘汰魏晋以来的“九品中正制”，无论是中央还是地方藩镇，在选拔官员时都或多或少地将“门荫出身”作为考察的标准之一。唐穆宗时期前后持续达四十年之久的“牛李党争”事件，就是科举制与九品中正制之间的直接交锋。但在这次交锋中，双方都不同程度地带有门阀士族思想的倾向。王公淑墓志中提到其曾被“乡人数荐，观光京辇”，就是受魏晋南北朝以来九品中正制遗风的影响，其夫人家庭出身与王公淑门当户对的记述，也从另一个侧面反映了这种门荫思想在人们日常生活中的影响力。

随着节度使权力的不断增强，藩镇也逐渐几乎处于独立的状态，中央对藩镇的约束和节制力已经很小。到了唐代后期，节度使在选官上的自由度更加放开，尤其是通过扩充军队来任命官员更是地处东北边界的幽州与各种武装力量相抗衡所必需要做的事情。因此，王公淑没有经过科举考试就解褐入仕，并长居官场也就不足为奇了。

1 笔者注：这里指幽州。

2 笔者注：这里指虚授的官职，王公淑并不是真正的节度留后。

契丹

丁求谨墓志

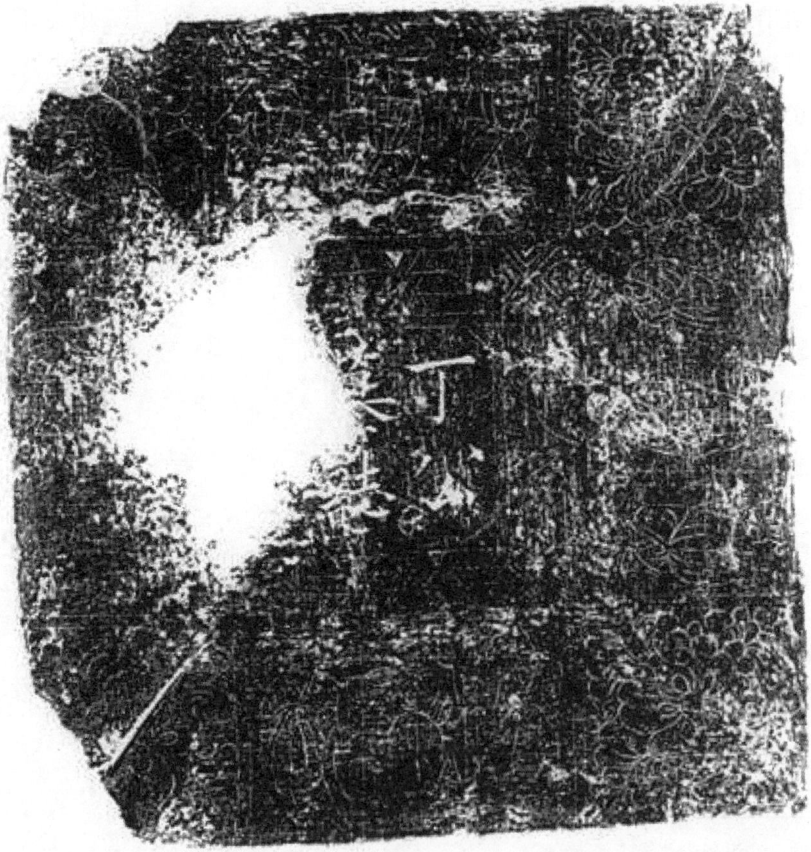

笔者在几年前参与编写《新中国出土墓志·北京·壹》的过程中，曾发现海淀区文物管理所收藏有一合契丹丁公（求谨）墓志。查阅当时的文物单据，没有找到什么有价值的原始资料。经向海淀区文物管理所原所长王宁以及岳升阳、邱文忠老师请教，其出土时间和具体地点仍不能完全确定，唯一可以肯定的是其出土于北京市海淀区无疑。早在1988年《考古》杂志第7期上，北京市文物研究所原所长齐心老师就对早年出土于海淀区的辽丁文逌、丁洪墓志进行过考释。本文拟在对丁求谨墓志考证的基础上，就三合（方）墓志中涉及的相关问题略加探讨。

丁求谨墓志盖、志均存。盖为盝顶式，长62厘米，宽62厘米，厚4厘米。盖文两行，四字双行竖写楷书，四刹线刻人物生肖，四角装饰牡丹花纹。盖的左上方及角均有残损。志长56厘米，宽57厘米，厚8厘米。志文31行，满行32字。楷书。志断为两截，但志文保存尚好。（图一、二）

为叙述方便，先录墓志全文如下：

盖文：丁公」墓志

志文：大契丹国故银青崇禄大夫行秦国王府校尉兼监察御史武骑尉济阳郡丁公墓志铭」

公讳求谨，其先济阳人也。门开世胄，有先令公之志有焉，此不复书，简其文也。」故赠□州刺史、检校司徒讳柔远，曾祖父也。故昭义军节度使、开府仪同三司、检」校太师、兼侍中讳揆，王父也。故匡国军节度使、开府仪同三司、检校太师、兼政事」令讳元恪，烈考也。故左金吾卫将军、检校司徒讳求诲，故静海军节度使、检校」太保讳求说，故西头供奉官、银青崇禄大夫、检校国子祭酒、兼监察御史、武骑尉」求谕，兄也。公即太师令公之第六子也。公以金玉之资，继公侯之胤。器宇清雅，」风神俊爽。诗书礼乐，多所弘益，琴瑟射御，俱精秘奥。许子将之风鉴，何止月评；刘仁」表之才名，郁为人瑞。乡闾之内，论者嘉之。初，公之烈考令公有知十之鉴，试肯堂」之志，乃委家用观公器。公乃从父兄之教，遵孝敬之道，承顺颜色，礼无违者。未期月」间，闺门整肃若公府焉。先令公赏叹者数四。以五兄在上，难诣公车，故抑而未仕。」翌日，励志唯精，愈勤坟素。无何，丁先令公忧，柴毁骨立，哀悼不已。比终祥禫，志奉」蒸尝。于统和中，以公良家之子，奏授银青崇禄大夫、行秦国王府校尉、兼监察御」史、武骑尉。公以君子之

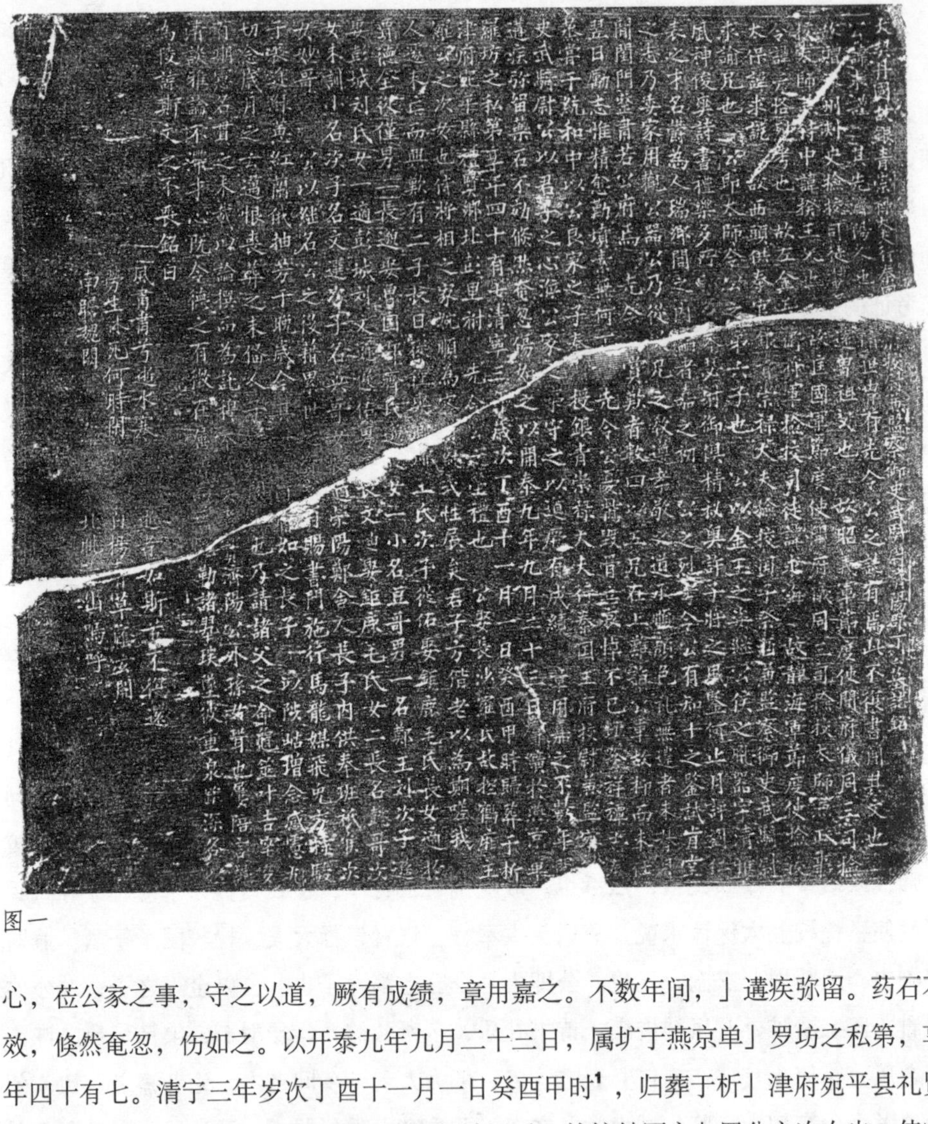

图一

心，莅公家之事，守之以道，厥有成绩，章用嘉之。不数年间，」遘疾弥留。药石不效，倏然奄忽，伤如之。以开泰九年九月二十三日，属圹于燕京单」罗坊之私第，享年四十有七。清宁三年岁次丁酉十一月一日癸酉甲时[1]，归葬于析」津府宛平县礼贤乡北彭里，祔先令公之茔，礼也。公娶长沙罗氏，故控鹤厢主」罗公之次女也。侍将相之家，婉顺为容，贞纯式性。展矣君子，方偕老以为期，嗟我 」人[2]，遽未亡而兴叹。有二子：长曰从仪，娶琅琊王氏；次子从佑，娶巨鹿毛氏。长女适于」贾德全。从僅男二。长邈，娶鲁国郡齐氏。邈长女一，小名豆哥；男一，名郑王刘。次子逊，」娶彭城刘氏。女一，适彭城刘文通。从佑男三。长文迪，娶巨鹿毛氏。女二：长名懿哥，次」女未训小名。次子名文选，次子名英哥。女长适荥阳郑舍人长子、内供奉班祇候。次」女妙哥。公以继名公之后，藉累世之资，家有赐书，门施行马。龙媒飞兔，方持骏」于长途，绿蕙红兰，俄抽芳于晚岁。今其云亡，何痛如之。长子以陟岵增念，感虑尤」切。念岁月之云迈，恨丧葬之未备，人子之道阙如也。乃请诸父之命，龟筮叶吉，窀穸」有期。虑名贯之未载，以论撰而为托。穆忝为文者，实济阳公外孙女婿也。屡陪言讌，清谈雅论，不滞才心，既令德之有征，在属辞而无愧。勒诸翠琰，坠彼重泉。虽深谷以」为陵，谅斯文之不丧。铭曰：」

图二

风萧萧兮逝水寒，逝者如斯兮不复还。」劳生休死何时闲，白杨青草荫玄关。」南瞻魏阙，北眺燕山。呜呼！

一、丁求谨生平

由志文可知，丁求谨出生于辽景宗保宁五年（973年），从其曾祖父到其父兄都在朝廷担任过高级职务。因有“五兄在上，难诣公车，故抑而未仕”，丁求谨只能在家管理“家用”。因其谨从孝道，励志唯精，于辽圣宗统和年间被授予银青崇禄大夫、行秦国王府校尉、兼监察御史、武骑尉，但其在政治领域没有什么作为。开泰九年（1020年）因病卒于燕京私第，三十七年后，即辽道宗清宁三年（1057年）归葬于析津府宛平县礼贤乡北彭里。

二、志文中的官职

契丹人从石敬瑭手中得到幽云十六州之后，辽统治地区的经济结构和政治形势都发生了重大变化。契丹人的经济模式以渔猎和畜牧为主，而燕云地区则以农业为主。为了适应这种情况，辽朝统治者实行了“胡汉分治”的政策，在中央设置了南北两个枢密院，北院由契丹贵族管理，负责统治契丹和北方游牧民族，南院由契丹贵族和汉人共同管理，负责统治汉人和渤海国原属地的人口，形成“以国制待契丹，以汉制待汉人”的政治局面。燕京地区在这一政策的影响下，其管理机构和官职设置也大致仿照唐代以来的旧制，其中担任这些职务的官员也多为汉族地主。丁求谨墓志中记载了许多官职名称，这些官职不仅仅局限于辽朝，同时也明显受到北宋朝廷官制的影响，俨然唐至辽以来官职历史的缩影。

丁柔远，□州刺史、检校司徒。州刺史为节度使或观察使管辖下的一个州的行政长官；检校为唐、宋时为诏除而非正命的加官，司徒为唐代之后户部尚书的别称，检校司徒在唐、辽、宋史中均有记载。

丁撲，昭义军节度使、开府仪同三司、检校太师、兼侍中。开府仪同三司为唐、宋时期一品文散官阶，此官职首见于汉代，开府是指高级官吏得以开设府署，三司指可以享受三师（汉时指丞相、太尉、御史大夫，宋辽时指太师、太保、太傅）的最高礼遇。检校太师是仿宋朝的官职，宋朝检校太师为加官中的第一等级，秩正一品，辽朝太师则是对文官的泛称，这里明显是仿宋朝官制而来。侍中，《新唐书》载：“门下省。侍中二人，正二品。掌出纳帝命，相礼仪。凡国家之务，与中书令参总，而颛判省事。”亦见于《辽史》，如：“赵思忠，太宗会同中为侍中”。丁文逌墓志曾记有“……相国兼侍中讳撲者……”这里“相国”应该是对丁撲所任职务的概括性称呼。

丁元恪，匡国军节度使、开府仪同三司、检校太师、兼政事令。辽朝的政事令为中书省长官，相当于宰相，《辽史》载：“韩延徽，太祖时为政事令”。另据丁洪墓志和丁文逌墓志记载：“丁元恪，中书令判宣徽三司使事。”可知，政事令即为中书令，是负责管理国家财政的高级官员。

丁求诲，左金吾卫将军、检校司徒。左金吾卫是禁军番号，为唐代十六卫之一。金吾卫包括左右二卫，分别设置上将军、大将军、将军等官职，负责掌管京城的警卫。幽州在辽代时为南京，这里显然是沿袭了唐制。

丁求说，静海军节度使、检校太保。检校太保是对大臣的加衔。《辽史·赵思温列传》有“太宗即位，以功擢检校太保、保静军节度使”的记载，《辽史·耶律贤适列传》也有“景宗立，以功加检校太保，寻遥授宁江军节度使，赐推忠协力功臣”的记载，可见检校太保多是与节度使官职一起授予的加衔。丁文逌墓志记载丁求说为“染院副使”，两者记述有差异。染院副使为宋代官职，分为东西染院，而辽王泽墓志有“燕京染院使”的记载，所以辽朝应该是有染院及相应官职的，但丁文逌墓志的记述是补充丁求谨墓志的缺失，还是二者之间存在其他的关系？限于材料和笔者学识，暂对此存疑。

丁求谕，西头供奉官、银青崇禄大夫、检校国子祭酒、兼监察御史、武骑尉。西头供奉官为武阶官第四十六阶，从九品，属宫廷三班小使臣；银青崇禄大夫相当于唐、宋时期的银青光禄大夫，辽朝因避辽太宗耶律德光之讳，改光禄为崇禄，为从三品阶官；国子祭酒唐代指国子监祭酒，从三品官，此处检校国子祭酒应为加官，《辽史》中缺此官职，可补史缺；监察御史一职不见于《辽史》，《宋史·职官志》记载：“监察御史自唐至本朝，皆论政事、击官邪”，可知此官为谏官，可补《辽史》之缺；武骑尉为勋官。

丁求谨，银青崇禄大夫、行秦国王府校尉、兼监察御史、武骑尉。行秦国王府校尉为六品以下武散官。

三、志文中的地名

丁求谨志文中提到的地名比较多，并且同一地名在不同时期的称呼也不同，这里简要给予说明。

济阳——古时的济阳分为济阳郡和济阳县，而且郡、县均有两个。据《辞海》：济阳郡在西晋惠帝时分陈留国置国，东晋改为郡，治所在济阳，大约相当于今河南兰考东部和山东东明南部，此郡北魏时废；六朝时东晋明帝侨置于毗陵郡武进县，今江苏省武进市西北部，南朝齐改为南济阳郡，梁时废。济阳县早在战国时属于魏国属邑，西汉设济阳县，治所大约相当于今河南兰考东北部，唐贞观初年废；又，济阳县与现山东济南东北部济阳县同，秦代置著县，金改济阳县，以在济水之阳而得名。志文中说到的济阳究竟是指郡还是县，还有待其他材料进一步佐证。

昭义军——唐代藩镇。唐肃宗至德元年（756年）置泽潞沁节度使，治所在潞州，唐代宗广德元年（763年）又置相、卫六州节度使，治所在相州，即今河南安阳市，大历元年（766年）号昭义军，大历十二年（777年）相卫等州与泽潞沁节度使合为一镇。此时的昭义军长期领有泽、潞、磁、邢、洺五州，相当于今河北内丘、隆尧以南，巨鹿、邱县、肥乡以西，涉县、邯郸以北，山西浊漳河、丹河流域和沁水、阳城两地。唐僖宗中和年间（881～885年）因李克用割据泽、潞两州，昭义军曾被一分为二，一治所为邢州，即今河北邢台，另一治所为潞州，即今山西长治，唐末昭宗天复年间（901～904年）又合二为一。后直到北宋太平兴国二年（977年）才废除昭义军。辽承唐制，《辽史·圣宗本纪》载："（开泰）七年（1018年）五月丙寅……皇宗范昭义军节度使……"可见，辽朝昭义军号延续的时间要比宋朝长许多年。

匡国军——据《旧唐书·赵珝列传》载："……乃征（赵）珝知同州匡国军节度留后……"可知匡国军在唐代末期治所位于同州，即今陕西大荔县境内。《旧五代史·王彦章列传》载："（后梁末帝贞明）六年（920年）正月……正授许州匡国军节度使……"许州即河南许昌。志文中的匡国军是指同州还是许州需要有更多材料加以印证。另据史载，宋太祖赵匡胤就曾领五代后周匡国军节度使，宋朝建立后，为避皇帝讳改匡国军为定国军。

静海军——唐代至五代时设置，治所在交州，即今越南河内一带。《辽史·圣宗本纪》载："（太平二年七月）（1022年）……高丽国参知政事王同显静海军节度使……"

燕京单罗坊——据北京史地专家研究成果，辽代燕京城共有26坊，目前已知24坊，单罗坊为其中之一。[3]

析津府宛平县礼贤乡北彭里——今北京市海淀区百万庄一带。

长沙——今湖南省长沙市。

琅琊——今山东半岛东南部地区。

巨鹿——今河北省邢台市巨鹿县。

鲁国郡——治所在鲁县，即今山东省曲阜市。

彭城——今江苏省徐州市。

荥阳——今河南省郑州市境内。

四、丁求谨墓志与其他两方丁氏墓志之间的关系

迄今为止，丁氏家族成员墓志共发现三合（方），除丁求谨墓志以外，20世纪

90年代以前，在海淀区百万庄半截塔村曾出土了两方丁氏墓志，即丁文逌墓志和丁洪墓志。[4] 丁求谨卒于辽圣宗开泰九年（1020年），丁文逌卒于辽天祚帝天庆三年（1113年），丁洪卒于辽天祚帝天庆元年（1111年）。三墓志在时间跨度上几乎横亘整个辽代。从志文内容看，三墓志有许多共同之处，也存在一些差别，可以互相印证。综合齐心老师《辽丁氏两方墓志考》一文的考证结果，可以总结出三合（方）墓志之间的关系：①三合（方）墓志中相同的人名有“丁揆、丁元恪、丁求谕、丁求说”，可知这三方墓志主人应为同一家族成员。具体关系为丁洪是丁文逌之子，丁求谨是丁文逌的叔祖父，也即丁洪曾祖父的兄弟。②丁洪墓志中“丁恪”[5] 应为“丁元恪”，这一点在丁求谨、丁文逌墓志中皆有记述，而且丁求谨就是丁元恪的儿子，所以其记载应该是准确的，可以修正丁洪墓志的错误。③丁洪墓志载“丁氏世为燕人”，而丁求谨墓志中载“其先济阳人也”，可见丁氏家族应该是祖籍济阳，后占籍燕地，并不是世为燕人。两方墓志相隔半个多世纪，丁洪墓志之所以说世为燕人，想来是和该家族已经完全接受了燕地的风俗习惯，并从思想上认同燕地文化有关。④丁文逌与丁洪为父子关系，但丁文逌墓志载“祖丁求说”，而丁洪墓志则载“高祖讳求谕”，齐心老师在20世纪80年代就提出求谕与求说应是兄弟二人的观点，以丁求谨墓志所记相印证，齐心老师的论断是完全正确的。丁求谨墓志志文为其他两方丁氏墓志记述不一的情况找到了答案，即丁洪墓志记载是错误的。丁洪志文中“高祖讳求谕赠静海军节度使”，然而根据丁求谨墓志记载，任静海军节度使的应该是丁求说，而不是丁求谕。另一方面，丁洪志文中“高祖讳□恪”与“高祖讳求谕”文字上相冲突，对比丁求谨和丁文逌志文，则丁求谕应是丁洪的曾祖父辈而不是高祖父辈，因此，丁洪墓志正确的志文应该是“曾王父讳求说赠静海军节度使”才对。⑤丁洪墓志志文中存在的诸多问题，如上文提到的“丁恪”之误和“高祖讳求谕”之误，笔者以为，之所以会出现这种错误，应该是和志文撰写人对丁氏家族谱系不熟悉造成的。丁洪志文中记载“子之舅晦之与余有莫逆之分 ，谓余粗知子之本末，乃请铭焉”。显然，丁洪志文是由其舅舅和撰志人共同在“粗知本末”的基础上完成的，连其高祖父丁元恪的名讳都没搞清楚，以致在墓志上留出了一个字的空白，其曾祖父写成丁求谕的错误也就在情理之中了。同时，或许是由于丁洪卒时年仅十五岁，在对待小孩的墓志时，撰志人显然在思想上还是比较轻视的，这也为研究辽代未成年人墓志提供了实物资料。

五、丁氏家族人员组成及之间的关系

丁求谨志文中记述的家族成员比较多，其他两方墓志也记述了一些丁氏家族成员，根据志文可知，辽丁氏家族至少延续了七代。前四代多为掌管一方的地方军政高级官吏，从第四代之后开始逐渐势微，到第六代丁文道时与辽朝望族韩氏家族结有姻亲。在今北京地区发现的辽代墓志中，韩氏、张氏、丁氏家族墓志一方面可以互补以证史，另一方面也说明辽南京士大夫家族势力及其之间的关系是当时政治生活中的一大特色。现将丁氏家族谱系整理如下：

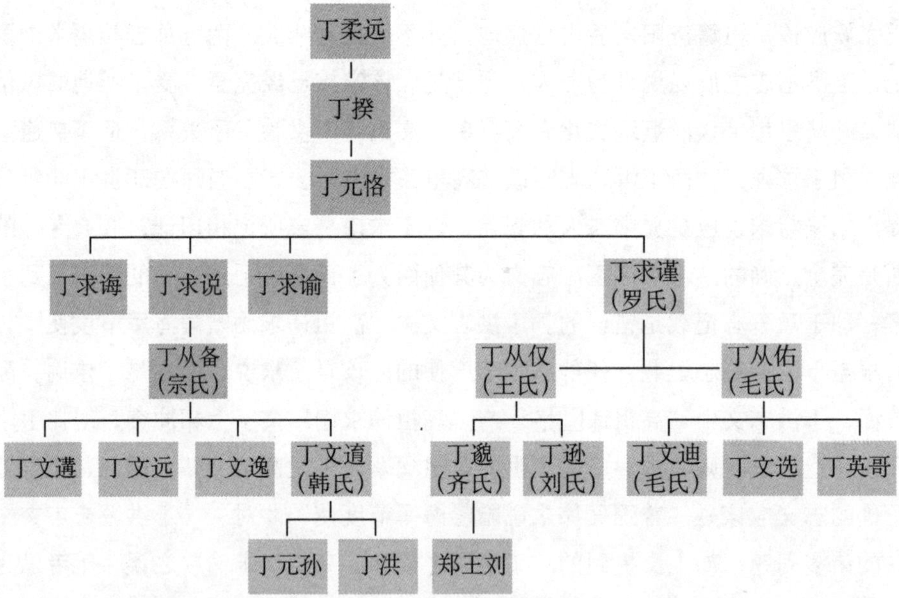

六、需要注意的两个问题

1.辽与契丹名称的更替

丁求谨墓志题为“大契丹国故银青崇禄大夫行秦国王府校尉兼监察御史武骑

尉济阳郡丁公墓志铭”。辽朝墓志为什么不写“大辽”而写成“大契丹”呢？这其实反映了一个历史现象，即在整个辽朝一百多年间有过多次更改国号的情况。据宋、辽史学家研究，辽朝统治者变更国号的具体更替次序为①公元916～937年称大契丹；②公元938～982年，契丹故地仍称大契丹，而燕云地区则称大辽；③公元983～1065年，又全部称大契丹；④公元1066～1125年则又全部改称大辽。[6] 该墓志成文于辽道宗清宁三年，即公元1057年，所以将大辽称为大契丹也就可以理解了。

2.相关墓志中地名的变化

丁求谨志文中记载所葬地为“析津府宛平县礼贤乡北彭里”，而丁文逌、丁洪墓志则记为“宛平县仁寿乡陈王里”。由于丁求谨墓志的准确出土地点无法确定，因此，三合（方）墓志中所记的不同地名是分属两个地方还是一个地方在不同时期的不同名称则值得重点考证。事实上，关于礼贤乡和仁寿乡是否为一个乡的不同名称，以及里之间的关系问题，已经有许多专家对此进行过研究。齐心老师认为，礼贤乡最早是唐代的名称，辽代改为仁寿乡。于德源老师也同意这种观点。黄秀纯老师则认为“礼贤乡入辽未改，其与仁寿乡并为二地，以西直门为乡界”。[7] 两种观点基本上都是在参考今海淀区与西城区交界区域出土的辽丁氏家族墓志、张俭家族墓志及董匡信家族墓志的基础上得出的结论。这里不妨让我们将这些资料按照年代顺序加以简单罗列：

序号	墓志主人	墓志年代	墓志记载地名	出土地点
1	张琪	太平四年（1024）	幽都府幽都县礼贤乡北彭里	不详
2	张嗣甫	重熙五年（1036）	燕京幽都县礼贤乡胡村里	新街口豁口
3	张俭	重熙二十二年（1053）	析津府宛平县仁寿乡陈王里	新街口以西桦皮厂明城基下
4	丁求谨	清宁三年（1057）	析津府宛平县礼贤乡北彭里	不详
5	董匡信	咸雍五年（1069）	析津府宛平县仁寿乡南刘里	阜外洪茂沟一带
6	董庠妻张氏	大安三年（1087）	燕京宛平县仁寿乡南刘里	阜外洪茂沟一带
7	丁洪	天庆元年（1111）	宛平县仁寿乡陈王里	西郊百万庄半截塔
8	丁文逌	天庆三年（1113）	宛平县仁寿乡陈王里	西郊百万庄半截塔

从列表可以看出，乡一级地名在时间上经历了礼贤乡—仁寿乡—礼贤乡—仁寿乡的交替式变化。如果说仁寿乡是由礼贤乡所改，从常理上来说，应该没有改来改

去的必要。尤其是张俭墓志与丁求谨墓志仅相隔四年时间，且二者府、县名相同但乡级以下地名却完全不同，更加说明了这一点。另一方面，礼贤乡包括有北彭里、胡村里，仁寿乡包括有陈王里、南刘里，从现有资料看不出两乡有同一个里共属。由此推理，笔者认为黄秀纯老师的观点是正确的，即礼贤乡和仁寿乡应该是同时并存的两个乡。

《辽史·本纪十五·圣宗六》记载："……大赦，改元开泰。改幽都府为析津府，蓟北县为析津县，幽都县为宛平县。"开泰元年为公元1012年，而12年后的张琪墓志仍为"幽都府幽都县"，就连24年后的张嗣甫墓志也记为"燕京幽都县"，直到41年后的张俭墓志才使用析津府和宛平县的名称。《辽史·志第十·地理志四·南京道》所记的南京所属六州十一县中也没有幽都的名称[8]，并明确指出析津府和宛平县是开泰元年由幽都改名而来。这种情况是由于史志记述有误，或是改制本身执行的问题，还是仅仅由于当时有沿用旧地名的习惯所致，这些问题的解答，还有待更多的资料来说明。

1 笔者注："甲时"应为"申时"之误。

2 笔者注："嗟我人"中"我"之后原空一字未刻，应为"嗟我怀人"。

3 鲁晓帆：《唐幽州诸坊考》，载"北京文博网"，2008年11月26日最后检索。

4 齐心：《辽丁氏两方墓志考》，载《考古》1988年第7期第650页。

5 笔者注：丁洪墓志中，"丁"与"恪"之间原空一字未刻。

6 刘浦江：《辽朝国号考释》，载《历史研究》2001年第6期。

7 于德源：《辽南京（幽州）村乡指辨》，载"北京文博网"，2009年8月26日最后检索。

8 《辽史·志第十·地理志四·南京道》所记的南京所属六州十一县为：顺州、檀州、涿州、易州、蓟州、景州和析津县、宛平县、武清县、香河县、昌平县、良乡县、潞县、安次县、永清县、玉河县、漷阴县。

金

张维垣墓志

图一

金泰和七年（1207年）张维垣墓志出土于北京市海淀区，现藏于北京市海淀区文物管理所。盝顶盖长69厘米，宽68厘米，厚8厘米。盖文9字，3行竖写楷书。四刹线刻兽首人身十二生肖，人物生肖周围装饰以线刻的龛楣，应是受到石窟造像的影响。四周起脊处为牡丹花纹装饰，继承了唐代、辽代以来的传统。盖文周围边框刻有八卦符号，包含有道教文化因素。志长76厘米，宽74厘米，厚9厘米。志文28行，满行29字。楷书。盖、志均为青石质地，盖保存完整，志左侧边缘及转角处有残，志文漫漶较为严重。（图一、二）

盖文：故宣武」将军张」公墓志

志文：⧄张公墓铭」

⧄大夫光禄◇尉赐绯鱼袋周昂撰文」

⧄县令兼□□常平仓事武骑尉赐绯鱼袋田时予书丹」

⧄大夫试尚书礼部侍郎兼瀛王傅□书少监上轻车都尉河南郡开国伯食邑七百户乔宇篆额」

泰和七年八月十一日，知山东东西路按察副使兼□□事张公以疾卒」于官。以其年十一月甲申，葬于昌平县之蜀社原。公，京师人也。生而颖悟。少」长，知读书，精力过人，涵浸百氏，发乎文章，清拔有体，颇得声于时。年□□四，中进士第，选主□化簿。以父忧去官。服除。从事平定州幕。迁穰县令、沧州观」察判官。寻召补省西曹掾。居五年，河南宪司察公在穰廉勤，超授同知河北」西路转运使事。公视繁如简，吏服其能。改签河东路按察司事。纠劾□□□」□采益明。又通守莱阳，拜滑州刺史。滑土军民杂处，□俗浮剽，又近于河，有」朝夕之急。公乃清其政令，人用不讵；壮其隄（堤）防，水至而不敢怒。以故召拜兵」部郎中。时」朝廷方用兵山东，连岁困饥，狂寇往往聚险，而宪司难其人，遂以公往。公亦」□然不辞，盖有志于行也。到官未期而卒，年五十有九。公宏达卓荦，不事细」□，有燕云劲气，虽服儒衣冠，终无寒涩态。与人交，不藏腹心，言□豁然。家产」□与二弟。长妹寡归，食于公，人皆义之，夫人伯德氏□公之葬请铭□余。□」□公□岁以儒学入官，翱翔州县，出入台省垂三十年。位偕四品，□□□□」□□□，亦不可谓不幸矣。虽然位已尊而不跻于贵，才得施而不究其□，□」□短折而不至于耆艾，是又可以无恨欤。公于（与）余为同年兄。登大定壬寅□」□□凡□十六人，其存者二十七人而已。今公又复舍去，奈何！死者既已长」往，生者□皆发衰齿落脱，骎骎日就于坏，其能相与寄形于天壤间者几何？□」□□□□公讳维垣，字子安。曾大父讳禧，

图二

故不仕。大父讳景福，故礼□□□」□□□□□尉□西北路招讨司文字事、赠宣武将军。母伯德氏，赠□□□」□□□□□故右□法曹维桢同监莫州税。夫人故原州刺史宽之女。男一，」曰祐□□□为□曰□□铭曰：」

□□□□□有崇□□□□□□□□□□敢不□□张公之藏」

▨永安▨

一、张维垣生平

张维垣，字子安，京师（即中都，今北京）人。生于金熙宗皇统八年（1148年），卒于金章宗泰和七年（1207年）。其曾祖父张禧，一介布衣，不曾入仕做官。其祖父张景福，根据志文中残存内容判断，应该曾在朝廷礼部任职。其父名讳不详，曾在招讨司任职，并获宣武将军武阶官，相当于从四品。其母伯德氏，也曾获封。其夫人亦出生于州县级官吏家庭，为原州刺史之女。其子张祐，事从不详。张维垣年少时即聪颖过人，三十四岁时考中进士，不久因其父去世守孝而辞官。重新入仕后，屡任平定州府幕僚，穰县[1]县令，沧州观察判官。因政绩卓著被破格提拔为河北西路转运使，后转任职于河东路按察司，之后在莱阳、滑州任地方长官。在其任滑州刺史期间，曾治理黄河水患。后因治理水患有功而入兵部任职。泰和年间，张维垣受命到山东镇压民变，病死于任上。从志文中可以看出，张维垣出生于金代中下级官僚贵族家庭，入仕后长期在华北、中原一带担任州县地方长官。

二、主要历史史实

志文中提到的几处重要历史史实需要注意：第一，张维垣任滑州刺史时曾对黄河水患进行过治理，通过“壮其隄（堤）防”，使“水至而不敢怒”。滑州即今河南省滑县东旧滑县城[2]，历史上，由于这里紧靠黄河，水患颇多。据《禹贡》记载，早在春秋战国时期，周定王五年（公元前602年），黄河曾发生过一次大改道。改道后的黄河流向大致从河南滑县附近向东，至濮阳西，转而北上，在山东冠县转为东流，到茌平以北折向北，流经德州，渐向北，经河北沧州，在今河北黄骅以北入渤海。与黄河水患相同时，兴修水利设施，治理黄河的工作也从来没有停止过。志文中记载的“东路按察司”应该初设于金章宗承安四年，因此，这次治理应该发生于承安四年至泰和七年之间，即公元1199～1207年间。该记载为研究黄河治理史和滑县历史提供了重要的实物资料。

第二，志文中还提到“滑土军民杂处，□俗浮剽……”这反映了女真政权在中原地区统治的一个历史现实。这里的“军”指“屯田军”，“民”指当地“原住民”。女真人的基层组织是以一百户到三百户组成为一个谋克，每十个谋克组成一个猛安，猛安、谋克中的壮丁，平时从事“畋渔射猎”，战时则应征出战。这样的组织既是社会生产的基层组织，又是军事上的基层编制。女真人占领华北后，为了维护统治，镇压反抗力量，从金太宗天会十一年（1133年）起，金政府就下令从东北迁移女真人到华北地区。随着淮河以北大片土地归金统治，金朝更是有计划地将猛安、谋克从东北大量移入中原地区，并正式定名为“屯田军”。屯田军一律不住在州县城内，而是筑寨于村落之间，与当地百姓杂处。对于屯田军，金政府通过大量掠夺原住民的土地，然后将这些土地按等级、数量分配给屯田军，以保证屯田军的生活物资来源。但是由于屯田军中只有一小部分军户得到土地后自行耕种，逐渐汉化，而大部分军户都对农业生产不感兴趣，不愿意去亲自耕种，而是通过强迫邻近的汉民或无偿替他们耕种，或以繁重的地租租给汉民耕种，最终导致大量肥沃的土地荒芜。到了金代后期，即使是在风调雨顺之年，也到处是“草莽弥望，狐兔出没”的荒凉景象。志文中所说的“□俗浮剽”反映了无地可耕的汉民与拥有大量土地却荒芜闲置的屯田军之间的社会矛盾。

第三，志文中还提到：“……时朝廷方用兵山东，连岁困饥，狂寇往往聚险，而宪司难其人，遂以公往……”记载了朝廷与农民起义军之间的战事。有金一代，战争与掠夺是女真人谋求经济利益的重要手段。到了金代后期，由于连年战乱和女真政权不断大肆占有土地，使赖以土地生存的汉族农民民不聊生，在各地爆发了规模不等的农民起义，其中又以山东、中原地区的农民起义最多也最有影响。在完颜亮于正隆六年（1161年）对南宋进行军事侵犯之际，山东、中原等地即有多支农民起义军群起反金，比较著名的有泰山附近的耿京、辛弃疾等人领导的二十万人的队伍，胶东赵开领导的十万人的队伍等。虽然这些起义都失败了，但是此后的几十年间，这些农民起义的影响不但没有消失，而且还在不断继续酝酿发展。泰和年间，随着蒙古军队的入侵，金朝统治者为了维持自己的落后统治，加紧了对人民的搜刮和掠夺，最终逼迫农民发起又一轮更大规模的抗金斗争。根据史书记载，金章宗之后不久的1211年，在金统治的范围内，东起莒、淄、潍、青诸州，西至河中、陕西各地，都爆发了农民起义。其中杨安儿、李全等人领导的红袄军势力最大，控制了山东半岛的绝大部分地区。从墓志志文的记载来看，在泰和七年左右，山东地区“狂寇”猖獗，应该就是指这些农民起义的前期阶段。结合历史记载，可以看出农民军起义从小到大发展的清晰脉络。由于朝廷无人可用，只好派遣文人出身的张维垣赴山东执行镇压任务，这一方面说明金朝统治集团中屯田军战斗力的削弱，另一方面也反映出汉族贵族阶层在金朝政治舞台上的作用不断加强。

三、墓志中涉及的重要人物

撰文者周昂，据《金史》记载，周昂字德卿，真定人。大定年间考取进士。墓志志文曾提到作者与张维垣为同科进士，应是大定壬寅，即公元1182年。史籍中说周昂“年二十四擢第”，而张维垣是三十四岁擢第，因此，二人应该相差十岁。据此可以判断周昂出生于金海陵王正隆三年，即公元1158年。这一记载补充了文献记载的不足。周昂曾历任良乡令、监察御史等职。后因作诗赠无辜遭贬的谏官路铎，被以谤讪时政罪罢官，并“谪东海上十数年”。后出佐三司，权行六部员外郎。金卫绍王大安三年（1211年），周昂从军随宗室完颜承裕至河北抗御蒙古军队兵败。完颜承裕逃亡，周昂临危不惧，及至城陷，与其侄周嗣明同时牺牲。

周昂在诗词造诣上很有成就，其学术醇正，文笔高雅。当时“诸儒皆师尊之”，在文人中间有着很高的声誉。周昂曾教导其外甥王若虚说：“文章工于外而拙于内者，可以惊四筵而不可以适独坐，可以取口称而不可以得首肯。”他强调：“文章以意为主，以言语为役，主强而役弱则无令不从。今人往往骄其所役，至跛扈难制，甚者反役其主，虽极辞语之工，而岂文之正哉。”从他描写京西香山的一首七律中，可以管窥到他所强调的这种文学意境。诗云：“山林朝市两茫然，红叶黄花自一川。野水趁人如有约，长松阅世不知年。千篇未暇偿诗债，一饭聊从结净缘。欲问安心心已了，手书谁识是生前。”

书丹者田时予，史籍中没有记载。志文记载田时予任某县县令并兼管某常平仓。“常平”首见于战国时期魏人李悝推行的平籴法，即政府于丰年购进粮食储存，以免谷贱伤农，歉年卖出所储粮食以稳定粮价。汉武帝时，桑弘羊在此基础上创立平准法，依仗政府掌握的大量钱帛物资，在京师贱收贵卖以平抑物价。汉宣帝时正式有“常平仓”之名。这种制度和机构在此后的历朝历代置废不定，金代曾分别于金世宗大定十四年（1174年）和金章宗明昌元年（1190年）两次制定常平制度，并在州县设置常平仓，田时予即为管理某县常平仓的官员。当时的常平制度按当地户口数储备三月用粮即可，后改为按户口多寡来定储粮数。到金章宗明昌五年时，金朝统治范围的常平仓共有“五百一十九处，积粮三千七百八十六万余石”。

篆额者乔宇，生卒年月不详。《金史》对其略有记载。乔宇官至礼部侍郎，曾参与过金朝政府高层的一些重要事件。主要有：①参与制定《仪礼》和编制其他各种“陈言文字”。如泰和三年四月“己未，命吏部侍郎李炳、国子司业蒙括仁本、知登闻检院乔宇等再详定《仪礼》”。②参与金代后期钱币制度改革。金政府迁都中都伊始就开始发行纸币，到金代后期，由于财政极端困窘，金政府几乎只能靠大量印发纸币以供政治、军事上的各项开支。一时间大额纸钞充斥市场，纸币大幅度贬值，以致“交钞不行”。为了应付“民以货币屡变，往往怨嗟，聚语于市”的局面，泰和六年（1206年）金章宗命“中丞孟铸、礼部侍郎乔宇、国子司业刘昂等十人议，月余不决”。③作为金朝皇帝使者出使南宋。《宋史·宁宗本纪》记载，嘉定元年（1208年）九月辛丑，“金使完颜侃、乔宇入见”。此次出使南宋为金朝要回“安边钱”一百万缗。此后不久，随着蒙古军队对金作战的节节胜利，南宋随即停止了向金朝政府输纳安边钱。

1 笔者注：古地名，在今河南邓州。

2 张传玺等著：《中国古代史教学参考地图集》，北京大学出版社，1984年第2版第170页。

明

杜茂墓志

1986年，北京市海淀区八里庄原百花印刷厂院内发现一座明代泰昌元年（1620年）宦官墓葬，其中出土一合明代司礼监秉笔太监杜公（茂）墓志。墓志盖长74厘米，宽74厘米，盖文三行，满行三字，篆书“司礼监太监杜公墓志”；志长78厘米，宽78厘米，志文36行，满行42字，正书。盖与志均为青石质地，四周线刻二龙戏珠装饰纹带。（图一、二）现藏于海淀区博物馆。该墓志是截至目前在海淀区乃至北京地区仅见的泰昌纪年墓志，具有非常珍贵的文物价值。笔者不揣浅陋，谨对该墓志进行简单考释。

图一

盖文：司礼监」太监杜」公墓志

志文：明故司礼监秉笔太监管监事瑞庵杜公墓志铭」

赐进士第改翰林院庶吉士通家乡侍生杨维新顿首拜撰」

泰昌元年十月二十八日午时，司礼监太监杜公卒。公讳茂，字子康，别号瑞庵，世为陕西咸阳人。父三聘，」母王氏，以嘉靖庚子十一月二十日辰时生公。有异征。年舞象，善文艺。嘉靖三十八年，选入司礼供事，寻」掌经厂掌司。万历壬辰，擢文书房，兼署惜薪司，历左、右丞，随升太监，掌天下诸司章奏。时雒廷评之抗疏」极言，祸几不测，而公欲出一言申救，以同事掣去，不果。士论韪之，咸卜其异日必为名内卿云。甲午，」敕为承天督护，辖」二陵内外官军。军哗于伍，官疲于偷。公下车，即振弛兴废，厘奸剔蠹，法制赋役以及陵户、乐籍，无不处置得宜。」此犹曰事关」祖制也。楚甸号为泽国，阳侯一虐，千里成波。荆之南、郢之西，仅一道通。有黄家湾一区，旧筑堤堰，民以为命，」日久荡为平原。公至，即首倡议建，甫三月而工告竣。厥土无沮洳，氓民无荡析，至今与人之诵，载在刘少」司马记中矣。此亦曰事关」陵寝也。兴国旧有武穆忠祠，」献皇帝表章忠贞之义，详其八景籍内。日久，有司不能留其遗址。公考其典章，购其故所，画地鸠工，树立堂宇，」令后之忠臣义士有所凭而吊者。其寓意不宏远乎？兴国属」汤沐

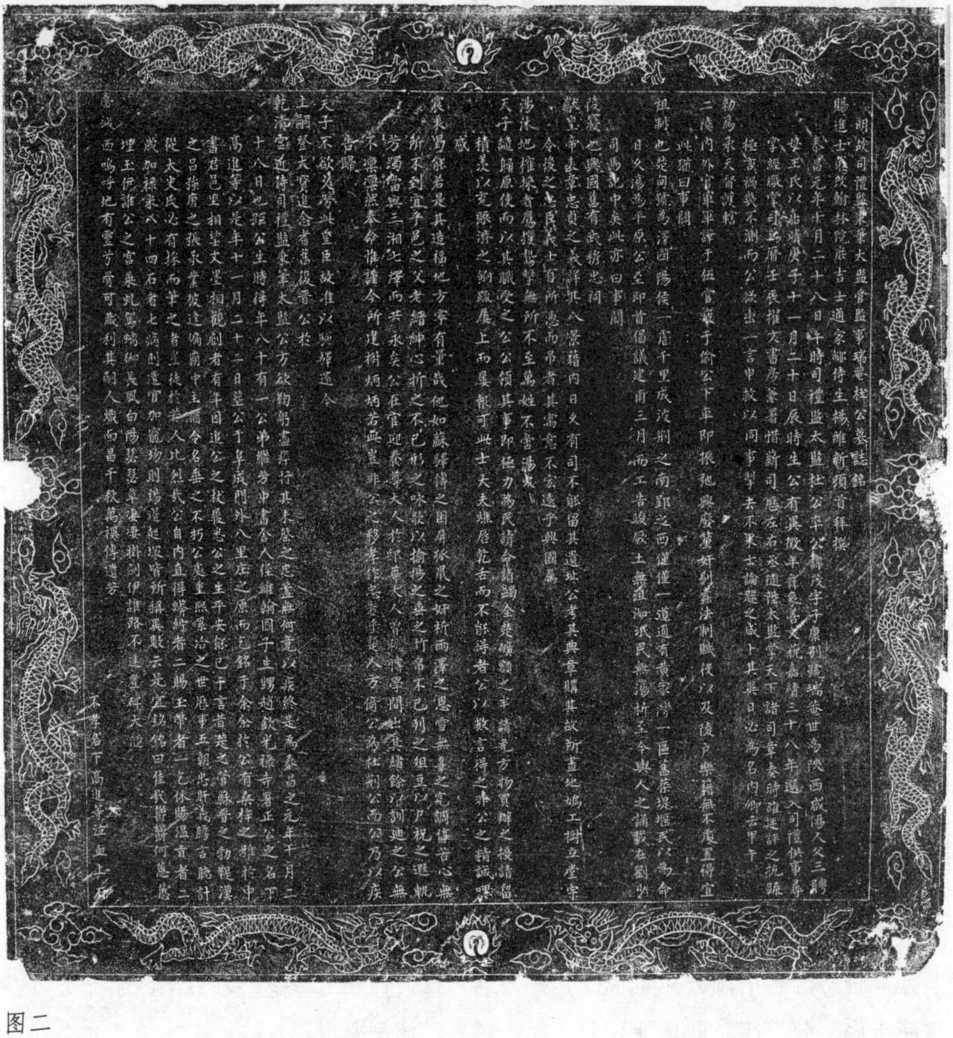

图二

地，榷采者鹰攫鸷击，无所不至，万姓不啻汤火。」天子谴归原使，而以其职受之公。公领其事，即极力为民请命，请蠲全楚矿额之半，请免方物买办之扰，请留」积羡以充赈济之饷，疏屡上而屡报可。此士大夫焦唇干舌而不能得者，公以数言得之。非公之精诚，嘿」感」宸衷，曷能若是？其造福地方，宁有量哉！他如苏驿传之困，屏孤鼠之奸，祈雨泽之恩，雪无辜之冤，调停苦心，无」所不到。宜乎邑之父老、缙绅，心折之不已，形之咏歌，以揄扬之；垂之竹帛不已，列之俎豆，以尸祝之。遐轨」芳躅，当与三湘七泽而共永矣！公在官，迎养尊大人于邸。尊大人曾秩博学，问出其绪余以训迪之，公无」不凛凛然，奉命唯谨。今所建树炳炳若此，岂非公之移孝作忠者乎？楚人方倚公为杜荆公，而公乃以疾」告归。」天子不欲久劳此重臣，故准以驰驿还。今」上嗣登大宝，追念耆旧，复晋公于」乾清宫近侍、司礼监秉笔太监。公方欲鞠躬尽瘁，抒其未罄之忠悫。无何，竟以疾终。是为泰昌之元年十月二」十八日也，距公生时，得年八十有一。公弟继芳，中书舍人。侄维翰，国子生。甥赵钦，光禄寺署正。公之名下」高进等以是年十一月二十二日，葬公于阜成门外八里庄之原，而乞铭于余。余于（与）公有桑梓之雅，于中」书君邑里相望，文墨相观劘者有年。因追公之杖履，悉公之生平，安能已于言？昔楚之管苏，晋之勃鞮，汉」之吕强，唐之张承业，彼逢偏霸中主，犹令名垂之不朽。公处重熙累洽之世，历事五朝，忠肝义胆，言听计」从，太史氏必有采而笔之者，岂徒于若人比烈哉？公自内直得蟒纻者二，赐玉带者一，乞休赐温旨者二，」岁加禄米八十四石者七。病则遣官加宠，殁则锡茔起冢，皆所称异数云。是宜铭。铭曰：

佳哉郁郁何葱葱，」埋玉伊谁公之宫，乘虬驾螭御长风。白阳瑟瑟草凄凄，挂剑伊谁路不迷，丰碑大隧」帝城西。呜呼！地有灵兮骨可藏，利其嗣人炽而昌，千秋万祀传遗芳。」

不孝名下高进等泣血上石

一、杜茂生平

根据志文，杜茂生于明代嘉靖十九年（1540年），字子康，别号瑞庵，陕西咸阳人。嘉靖三十八年（1559年）被选入宫。在明代，太监选用的来源大致包括三种，即“报名就阉、候补收用的成人”，“通过各种渠道进献或没收的阉童”，“罪犯或罪犯子弟而遭受宫刑者”。[1]《明会典》规定：“民间有四五子以上，愿以一子报官阉割者，听有司造册送部候收补之日选用。”墓志记载，杜茂只有一弟，显然不符合这一规定，而杜茂被选入宫时已经19岁，因此可能是属于“自宫求进者”。这也印证了当时由于受明代宦官政治的影响，同时也为了规避繁重的徭役赋税，民间自宫之风比较盛行的历史记载。其入宫后即进入二十四衙门中位列首位的司礼监任“司礼供事”，不久即升任“掌经厂掌司”，“掌一应经书印板及印成书籍、经卷事”。[2] 万历二十年（1592年）被选拔进“文书房”，并代理“惜薪司”。“文书房”是司礼监的首要附属机构，协助司礼监批阅奏本、传宣旨意。“惜薪司”是二十四衙门中的四司之一，负责管理宫中及二十四衙门、山陵等处“内臣所用炭柴之事”[3]，并任“左、右监丞”，为正五品官阶，之后升任“太监”，为正四品官阶。[4]“掌天下诸司章奏”应是指掌收“通政司每日封进本章”。[5] 这表明，此时杜茂已经开始进入国家权力核心机构中。万历二十二年（1594年），杜茂被任命为“承天督护”，即“湖广承天府守备”[6]，职责是护卫显陵，即嘉靖皇帝生父兴献王朱祐杬的陵墓，同时兼管承德、荆、襄地方，每年进茶、扇、葛布、手巾等物。他的事迹也主要体现在这一时期，包括施政业绩、修筑水利设施、修葺古迹以及履行矿监职务等。泰昌元年（1620年），他被任命为“乾清宫近侍，司礼监秉笔太监”。司礼监秉笔太监为正四品官阶，掌“章奏文书，照阁票批朱”。[7]

二、重要史实考证

在墓志中有三处史实值得注意：

首先，“敕为承天督护”中“督护”一职在明史中并没有记载。“督护”作为官名始见于东晋时期，有“参军督护”和“东曹督护”，均属丞相属僚，司掌一方兵事，北魏、北齐时也有此官名。[8] 并且这一官名仅见用于外朝官员，不见用于宦官序列。明世宗朱厚熜系由藩王继承皇位，其父为兴献王朱祐杬，藩邸所在地旧称安陆州，嘉靖皇帝遂将安陆州改为承天府，并在此设守备太监管理显陵事务，其守备太监称为“湖广承天守备”，杜茂担任的便是这一职务。《明史》中有多处关于杜茂担任此职的记载，如《明史 · 神宗本纪》记载：“……夏四月乙酉，征陈奉还，以守备承天中官杜茂代之。”又如《明史 · 子春列传》提到：“子春……征授御史……又再疏劾守备中官杜茂，且备陈采榷之害。”因此，墓志中提到的“督护”是指具体官职？还是仅为一种尊称？还有待更多资料的印证。

其次，墓志中提到“万历壬辰（即万历二十年）……掌天下诸司章奏，时雒廷评之抗疏极言，祸几不测，而公欲出一言申救，以同事掣去，不果”。这里暂且不论其申救的缘由和结果，其所指的事件本身进一步证实了史书中记载的关于大理寺评事雒于仁向万历皇帝献疏《酒色财气四箴》一事。[9] 关于雒于仁进四箴一事，史书和众多研究文章中均言其发生在万历十七年，而根据墓志记载，这件事应该发生于万历二十年至二十二年之间（1592～1594年）。理由有二，一是从全篇墓志的行文角度分析，墓志的作者显然是按照事件发生的顺序来讲述的，此事应发生在杜茂任中书房太监期间；二是就当时的实际情况考查，此事在当时并没有被万历皇帝所采纳，且有“此疏不可发外，恐外人信以为真”[10]的担心，因此当时参与到此事中的人是比较少的，杜茂也只有升任为中书房太监后才能有机会全面了解此事的来龙去脉，才会有一定的话语权，也才能有机会申救。因此，墓志的记载对这一历史事件发生的年代有重要的补缺作用。

最后，“天子谴归原使，而以其职受之公”，是指万历二十九年（1601年）取代陈奉任矿监税使一职，负责湖广一带的矿税征收。明代宦官出任矿监税使是当时宦官政治在经济领域中的反映。万历二十年至二十七年间（1592～1599年），朝廷连续对宁夏、朝鲜、播州（今贵州与四川交界一带）用兵，同时乾清宫、坤宁宫及三大殿相继受灾修复，花费了巨资，导致国库空虚，“计臣束手，矿监由此大兴矣”。[11]“陈奉，御马监奉御也。万历二十七年二月命征荆州店税，兼采兴国州矿洞丹砂及钱厂鼓铸事”。[12]陈奉在湖广时，“恣行威虐，鞭笞官吏，剽劫行旅”[13]，直至“伐冢毁屋，刳孕妇，溺婴儿”[14]，这些暴行最终引发了武昌民变，愤怒的人们杀死了税监陈奉的参随六人，并焚烧巡抚公署。在众多官员的疏劾下，万历皇帝于二十九年（1601年）“夏四月乙酉，征陈奉还，以守备承天中官杜茂代之”。[15]墓志记载，杜茂上任后，实行了“请蠲全楚税额之半，请免方物买办之扰，请留积羡以充赈济之饷”等一系列改革措施，使当地的经济秩序趋于正常，并因“苏驿传之困、屏孤鼠之奸、祈雨泽之恩、雪无辜之冤”等亲民举措获得了当地人民的好评。这些内容不仅证实了杜茂取代陈奉事件的历史记载，而且详细记述了事件之后当地的社会状况，补充了史籍记载的不足，为当地地方志研究和明代矿监历史研究提供了重要的实物资料。

三、人名与地名

墓志铭及序的撰写人为“赐进士第翰林院庶吉士通家乡侍生杨维新”，明代翰林院为正式的外朝官署，掌制诰、修史、著作、图书等事，庶吉士的官名始于明太祖时期，专属于翰林院，掌“观政于诸司”[16]，一般由进士出身，文学、书法优秀者担任。杨维新，明史记载为魏忠贤的“厂臣”，属于对魏忠贤称臣的“阉党”。墓志中提到的其父朱三聘、其母王氏以及弟继芳、侄维翰、甥赵钦、名下高进等人史籍中均无述及，他们的官职及身份简单说明如下：明代的“中书舍人”属于内阁中书科，掌缮写文书事；被选入中央教育机构“国子监”接受教育者称为“国子监生”；“光禄寺”是掌皇室膳食等事的机构，下有“太官”、“肴藏”等各署，其署长即称为“署正”。内竖初入宫，必投一大珰为主，谓之“名下”。[17]

墓志中涉及的地名包括咸阳、承天府（今湖北钟祥市）、荆、郢、黄家湾、兴国、阜成门和八里庄等处，为明代宦官籍贯的研究、地方志研究以及考察明代宦官的退休养老制度均提供了珍贵的实物资料。

1　余华青：《中国宦官制度史》，上海人民出版社，1995年第1版第411～413页。

2　余华青：《中国宦官制度史》，上海人民出版社，1995年第1版第391页。

3　余华青：《中国宦官制度史》，上海人民出版社，1995年第1版第395页。

4《明史·志第五十·职官三》，“十二监。每监各太监一员，正四品……左、右监丞各一员，正五品”。

5　余华青：《中国宦官制度史》，上海人民出版社，1995年第1版第392页。

6《明史·志第五十·职官三》，“湖广承天府守备太监一员。辖承德、荆、襄地方，护卫兴宁”。

7《明史·志第五十·职官三》。

8　赵德义、汪兴明主编：《中国历代官称辞典》，团结出版社，1999年第1版第97页。

9《明史·雒于仁传》。

10《明史·雒于仁传》。

11《明史·陈增传》。

12《明史·陈奉传》。

13《明史·陈奉传》。

14《明史·冯应京传》。

15《明史·神宗本纪》。

16《明史·志第四十六·选举二》。

17《明史·列传一百九十三·宦官二》。

清

纳兰性德墓志

清康熙二十四年（1685年）纳兰性德墓志1972年出土于北京市海淀区上庄乡上庄村，盖现藏于北京纳兰性德纪念馆，志现藏于北京石刻艺术博物馆。盖长76厘米，宽76厘米。盖文18字，4行竖写，篆书。志长76厘米，宽76厘米。志文38行，满行61字，楷书。盖文保存较好，志文漫漶较严重。（图一、二）

盖文：皇清通议大」夫一等侍卫」佐领纳兰君」墓志铭

志文：清通议大夫一等侍卫佐领纳兰君墓志铭」

内阁学士兼礼部侍郎教习庶吉士昆山徐乾学撰文」

经筵讲官都察院左都御史泽州陈廷敬篆盖」

日讲官起居注翰林院侍读学士钱塘高士奇书丹」

呜呼！始容若之丧，而余哭之恸也。今其弃余也数月矣，余每一念至，未尝不悲来填膺也。呜呼！岂直师友之情乎哉！余阅世将老矣，从吾游者亦众矣，如容若」之天姿之纯粹，识见之高明，学问之淹通，才力之强敏，殆未有过之者也。天不假之年，余固抱丧予之痛；而闻其丧者，识与不识，皆哀而出涕也。又何以得此」于人哉？太傅公失其爱子，至今每退朝，望子舍必哭，哭已，皇皇焉如冀其复者，亦岂寻常父子之情也。至尊每为太傅劝节哀，太傅愈益悲不自胜。余间」过相慰，则执余手而泣曰：唯君知我子，惠邀君言，以掩诸幽，使我子虽死犹生也。余奚忍以不文为辞！顾余之知容若，自壬子秋榜后始，至今十三四年耳。后」容若入侍中，禁庭严密，其言论梗概，有非外臣所得而知者。太傅属痛悼，未能殚述，则是余之所得而言者，其于容若之生平，又不过什之二三而已。呜呼！」是重可悲也！容若，姓纳兰氏，初名成德，后避东宫嫌名，改曰性德。年十七，补诸生，贡入大学。余弟立斋为祭酒，深器重之，谓余曰：司马公贤子，非常人也。明」年，举顺天乡试，余忝主司，宴于京兆府，偕诸举人青袍拜堂下，举止闲雅。越三日，谒余邸舍，谈经史源委及文体正变，老师宿儒有所不及。明年，会试中式，将」廷对，患寒疾。太傅曰：吾子年少，其少竢之。于是，益肆力经济之学，熟读《通鉴》及古人文辞，三年而学大成。岁丙辰，应殿试，条对剀切，书法遒逸，读卷执事」各官咸叹异焉。名在二甲，赐进士出身。闭门扫轨，萧然若寒素，客或诣者，辄避匿。拥书数千卷，弹琴吟诗，自娱悦而已。未几，太傅入秉钧，容若选授三等」侍卫。出入扈从，服劳唯谨，上眷注异于他侍卫。久之，晋二等，寻晋一等。

上之幸海子、沙河、西山、汤泉，及畿辅、五台、口外、盛京、乌剌，及登东岱、幸阙里，」省江南，未尝不从。先后赐金牌、彩缎、上尊、御馔、袍帽、鞍马、弧矢、字帖、佩刀、香扇之属甚夥。是岁万寿节，上亲书唐贾至《早朝》七言律赐之。月余，」令赋乾清门应制诗，译御制《松赋》，皆称旨。于是外廷佥言，上知其有文武才，且迁擢矣。呜呼！孰意其七日不汗，死耶！容若既得疾，」上使中官、侍卫及御医日数辈，络绎至第诊治。于是，上将出关避暑，命以疾增减报，日再三。疾亟，亲处方药赐之，未及进而没。上为之震悼，中」使赐奠，恤典有加焉。容若尝奉使觇梭龙诸羌，其没后旬日，适诸羌输款，上于行在遣宫使拊其几筵哭而告之，以其尝有劳于是役也。于此亦足以知」上所以属任之者，非一日矣。呜呼！容若之当官任职，其事可得而纪者，止于是矣。余兹以其孝友忠顺之性，殷勤固结，书所不能尽之言，言所不能传之」意，虽若可仿佛其一二，而终莫得而悉也，为可惜也！容若性至孝，太傅尝偶恙，□侍左右，衣不解带，颜色黝黑，及愈，乃复初。太傅及夫人加餐辄色喜，以告所」亲。友爱幼弟，弟或出，必遣亲近傔仆护之，久必往视，以为常。其在上前，进退曲折有常度。性耐劳苦，严寒执热，直庐顿次，不敢乞休沐自逸□类，非绮襦纨袴者所能堪也。自幼聪敏，读书一再过即不忘。善为诗，在童子已句出惊人，久之益工，得开元、大历间□格。尤喜为词，自唐五代以来诸名家词，皆有选本，」以洪武韵改并联属，名《词韵正略》。所著《侧帽集》，后更名《饮水集》者，皆词也。好观北宋之作，不喜南渡诸家，而清新秀隽，自然超逸，海内名为词者皆归之。他论」著尚多。其书法摹褚河南，临本禊帖，间出入于黄庭内景经。当入对□殿廷，数千言立就，点画落纸，无一笔非古人者。荐绅以不得上第入词馆，为容若叹息。」及被恩命，引而置之珥貂之行，而后知上之所以造就之者，别有在也。容若数岁即善骑射，自在环卫，益便习，发无不中。其扈跸时，行在内雕弓书」卷，错杂左右，日则校猎，夜必读书，书声与他人鼾声相和。间以意制器，多巧倕所不能。于书画评鉴最精。其料事屡中，不肯轻为人谋，谋必竭其肺腑。尝读赵」松雪自写照诗有感，即绘小像，仿其衣冠。坐（座）客或期许过当，弗应也。余谓之曰：尔何酷类王逸少！容若心独喜。所论古时人物，尝言王茂弘兰阇兰阇，心术难问；娄师德唾面自干，大无廉耻。其识见多此类。间尝与之言往圣昔贤修身立行，及于民物之大端，前代兴亡理乱所在，未尝不慨然以思。读书至古今家国」之故，忧危明盛，持盈守谦，格人

图一

先正之遗戒，有动于中，未尝不形于色也。呜呼！岂非大雅之所谓亦世克生者耶？而竟止于斯也。夫岂徒吾党之不幸哉！君之」先世，有叶赫之地。自明初内附中国，讳星恳达尔汉，君始祖也。六传至讳养汲努，君高祖考也。有子三人。 第三子讳金台什，君曾祖考也。女弟为太祖」高皇帝后，生太宗文皇帝。太祖高皇帝举大事，而叶赫为明外捍，数遣使谕，不听，因加兵克叶赫，金台什死焉。卒以旧思，存其世祀。其次子即」今太傅公之考，讳倪迓韩，君祖考也。君太傅之长子，母觉罗氏，一品夫人。渊源令绪，本崇积厚，发闻滋大，若不可圉。配卢氏，两广总督、兵部尚书、都察院右副」都御史兴祖之女，赠淑人，先君卒。继室官氏，光禄大夫、少保、一等公□尔善女，封淑人。男子子二人：福哥、永寿；遗腹子一人。女子子一人。皆幼。君生于顺治十」一年十二月，卒于康熙二十四年五月乙丑，年三十有一。君所交游，皆一时隽异，于世所称落落难合者，若无锡严绳孙、顾贞观、秦松龄，秀水朱彝尊，慈」溪姜宸英，尤所契厚。吴江吴兆骞，久徙绝塞，君闻其才，力赎而还之。坎坷失职之士走京师，生馆死殡，于资财无所计惜。以故君之丧，哭之者皆出涕，为挽辞」者数十百人，有生平未识面者。其于余绸缪笃□，数年之中，殆日以余之休戚为休戚也，故余之痛尤深。既为诗以哭之，应太傅之命而又为之铭。铭曰：」

天实生才，蕴崇胚胎。将象贤而奕世也，而靳与之年，谓之何哉！使功绪不显于旂常，德泽不究于黎庶，岂其有物焉为之灾？唯其所树立，亦足以不死矣，亦又」奚哀！

一、纳兰性德生平及家族背景

纳兰性德，初名成德，因避东宫太子胤礽（小名保成）之讳，后改名性德，字容若，号楞伽山人。生于清顺治十一年十二月（1654年），卒于康熙二十四年五月（1685年），享年三十一岁。十七岁时进入太学，之后陆续通过乡试、会试，并于二十二岁时通过殿试，中得二甲，获进士出身。康熙十六年，其父纳兰明珠入阁武

图二（源自高景春主编：《新中国出土墓志·北京·壹》上册第344页）

英殿大学士，纳兰性德也被选入宫中任三等侍卫，不久即升为一等侍卫。康熙皇帝到海子、沙河、西山、汤泉、畿辅、五台、口外、盛京、乌剌、东岱、阙里、江南等地游玩和视察时，纳兰性德都跟随护驾。

根据墓志志文及《清史稿》记述，纳兰性德祖籍为满洲正黄旗叶赫那拉氏，始祖星恳达尔汉，高祖父养汲弩，曾祖父金台什死于与爱新觉罗氏之间的战争。祖父倪迓韩曾“从龙入关”，并以军功被授骑都尉，官至佐领，因“著有劳绩”又升任郎中，后赠光禄大夫。其父为纳兰明珠，原为宫中侍卫，后任职内务府郎中，康熙三年升任内务府总管，五年，授弘文院学士，七年，因督察淮、扬河工程，并因治理黄河有功被授以刑部尚书，改都察院左都御史、充经筵讲官，十一年，迁任兵部尚书，十四年，调任吏部尚书，十六年，授武英殿大学士，此时纳兰明珠与索额图一起成为当时的权臣。纳兰性德原配夫人卢氏为当时的两广总督、兵部尚书、都察院右副都御史卢兴祖之女，继室官氏。

二、纳兰性德的主要成就

墓志志文记述纳兰性德“数岁即善骑射，自在环卫，益便习，发无不中。其扈跸时，行在内雕弓书卷，错杂左右，日则校猎，夜必读书，书声与他人鼾声相和”，可见其是一位文武双修的雅士。从墓志记载可以看出纳兰性德一生中主要的成就既有文功，也有武略，大致说来可以概括为以下三方面：

1.“觇梭龙”。纳兰性德生活的年代是清军入关后不久，各地武力纷争还比较频繁，中央集权统治还处于初期的建设阶段。纳兰性德作为侍卫奉命征伐“梭龙诸羌”应该是其参加的为数不多的武力征战。关于梭龙与诸羌，多年来纳兰学研究者做了大量的工作，其中对梭龙的地理方位分歧颇多。专家们多从纳兰性德所写的文学作品中对梭龙的地理方位进行探讨，大致有以下几种说法，一为东北说，即东北梭龙，在今黑龙江上游一带，主要是依据《纳兰年谱》相关著述而提出，此说以陈桂英等专家为代表；[1] 一为西北说，即西域梭龙，在今巴尔喀什一带，主要是根据梭龙应是准噶尔的姓氏而提出，此说以马乃骝、寇宗基等专家为代表。[2] 此外还有新东行说及东西皆出使说等。

2.学习汉文化，促进满汉文化交流。纳兰性德虽然是一名侍卫，但与一般侍卫不同的是，他更热衷于汉族文化。他精通“经史源委及文体正变”，老师宿儒都有所不及。熟读“《通鉴》及古人文辞”，擅长书法，以致康熙皇帝御笔亲书唐贾至《早朝》七言律以赐之。康熙皇帝主张学习汉文化中先进的东西，对喜欢汉文化的纳兰性德自然更为器重，因此命其“赋《乾清门应制诗》，译御制《松赋》”也就不足为奇了。纳兰性德在自己学习汉文化的同时，还广泛结纳汉族文人士大夫中的有志之士。志文中提到的无锡严绳孙、顾贞观、秦松龄，秀水朱彝尊，慈溪姜宸英等人均是当时汉族士大夫中的佼佼者。严绳孙，字荪友，康熙十八年试鸿博，著有《秋水集》十卷。顾贞观，字梁汾，康熙十一年举人，官至内阁中书。擅长诗词，与陈维崧和朱彝尊并称词家三绝。《清史稿·列传二百七十一》对秦松龄有这样的记载：其“字留仙，顺治十二年进士，官检讨，罢归。后举鸿博，复授检讨。典江西乡试，历左赞善，以谕德终。松龄为庶常，召试咏鹤诗，有句云：‘高鸣常向月，善舞不迎人。’世祖拔置第一，示阁臣曰：‘是人必有品！’及告归，里居二十余年，专治毛诗。仿黄氏日钞之例，著《毛诗日笺》六卷。自为诗文曰《苍岘山人集》”。另著有《微云词》一卷。朱彝尊，字锡鬯，康熙十八年试鸿博，康熙二十年，充日讲起居注官。典试江南，称得士。入值南书房，赐紫禁城骑马。当时王士祯工诗，汪琬工文，毛奇龄工考据，独彝尊兼有众长。著有《经义考》、《日下旧闻》、《曝书亭集》。姜宸英，字西溟，明太常卿应麟曾孙。康熙皇帝称姜宸英、朱彝尊、严绳孙为海内三布衣。康熙三十六年进士，“廷对李蟠第一，严虞惇第二，帝识宸英手书，亲拔置第三人及第，授编修，年七十矣”。著有《湛园集》、《苇间集》。吴江人吴兆骞，因“科场蜚语逮系，遣戍宁古塔”，曾通过顾贞观赋金缕曲二篇给纳兰性德，纳兰性德读完之后感慨“山阳思旧，都尉河梁，并此而三矣！”于是“力赎而还之”。

3.文学造诣深厚，词赋创作影响深远。根据史料记载和纳兰学研究学者著述，纳兰性德对后世影响最大的应该是其在文学方面的贡献，而其中又以词赋为主。志文中记述：“……尤喜为词，自唐、五代以来诸名家词皆有选本，以洪武韵改并联属，名《词韵正略》。所著《侧帽集》，后更名《饮水集》者，皆词也……”据考，纳兰性德的词作现存约三百四十余首，大部分收集在《饮水集》中，词作内容以反映爱情、友情、边塞江南、咏物咏史及杂感的题材为多。他的词风尽显南唐后主李煜的清新隽秀、哀感顽艳，对于前朝词赋风格的比较，他有过这样的评价：“花间之词如古玉器，贵重而不适用；宋词适用而少贵重，李后主兼而有其美，更饶烟水迷离之致”。可见其本人对南唐后主的词风是备加推崇的。纳兰性德的爱情诗充满了凄婉而又浪漫的色彩，这也反映出他的爱情观和对爱人的情感寄托。志文中记载纳兰性德原配夫人卢氏早亡，其对妻子的思念淋漓尽致地表露在他的词作中，比如当其梦见卢氏而醒来，对梦中情形颇为伤感，怅然而作的《沁园春》就表达了这种心情，词曰：

瞬息浮生，薄命如斯，低徊怎忘。自那番摧折，无衫不泪，几年恩爱，有梦何妨。最苦啼鹃，频催别鹄，赢得更阑哭一场。遗容在，只灵飙一转，未许端详。重寻碧落茫茫，料短发朝来定有霜。信人间天上，尘缘未断，春花秋月，触绪堪伤，欲结绸缪，翻惊漂泊，两处鸳鸯各自凉。真无奈，把声声檐雨，谱人愁乡。

再比如借景抒情的一首《蝶恋花》：

辛苦最怜天上月，一昔如环，昔昔都成玦。若似月轮终皎洁，不辞冰雪为卿热。无那尘缘容易绝，燕子依然，软踏帘钩说。唱罢秋坟愁未歇，春丛认取双栖蝶。

反映出作者已然将思妻的款款柔肠融入生活中的每一个角落。

倾诉友情的词作也充满了婉约与伤感，他在给好友顾贞观的一首《清平乐·忆梁汾》中写道：

才听夜雨，便觉秋如许。绕砌蛩螀人不语，有梦转愁无据。乱山千叠横江，忆君游倦何方。知否小窗红烛。照人此夜凄凉。

表现远赴边塞时作者思念之情的词作往往能使读者与作者心灵相通，同愁共感。比如一首传诵很广的《长相思》：

山一程，水一程，身向逾关那畔行，夜深千帐灯。风一更，雪一更，聒碎乡心梦不成，故园无此声。

以景咏志是诗词大家们最为擅长的题材，纳兰性德也不例外，我们来看这首《点绛唇·黄花城早望》：

五夜光寒，照来积雪平于栈。西风何限，自起披衣看。对此茫茫，不觉成长叹。何时旦，晓星欲散，飞起平沙雁。

三、志文撰写及篆书人

为纳兰性德写志文和篆盖、书丹者均为当时朝内大臣，身份和地位都很高。这固然与纳兰性德在文人士大夫中间的影响有关，不过，更重要的则是受到其父亲纳兰明珠在朝中权势的影响。这也从一个侧面反映了当时朝臣中党争的状况。

1.志文撰写人：“内阁学士兼礼部侍郎教习庶吉士昆山徐乾学”。

徐乾学（1631～1694年），字原一，号建庵，江苏昆山人。康熙九年探花。康熙十一年，任顺天乡试副主考官，因选人不当，降级调用。从志文可知，纳兰性德参加的正是这次乡试，由此徐乾学也成为纳兰性德的老师。后任《明史》总裁官。康熙二十四年以廷试第一名入阁南书房学士，任《清会典》、《大清一统志》副总裁，教习庶吉士，这篇志文即写于这一时期。康熙二十六年，升左都御史、刑部尚书。康熙二十七年之前，徐乾学与明珠相勾结与索额图之间展开过太子纷争。之后明珠被罢，徐乾学开始弹劾明珠私党，在权贵纷争中落败，遂上疏求免职，后诏许以原官解任，专任修书总裁官。他推崇程朱理学，搜集唐、宋、元、明学者经解，编成《通志堂经解》。著作有《读礼通考》、《檐园集》等。其藏书楼名曰 “传是楼”，辑有《传是楼书目》。

2.篆盖人：“经筵讲官都察院左都御史泽州陈廷敬”。

陈廷敬（1638～1712年），初名敬，字子端，山西泽州人。清顺治十五年进士，因与顺天府通州陈敬同名，皇上特意加“廷”字以相区别，遂改名为“廷敬”。康熙十四年，任内阁学士，兼礼部侍郎，充经筵讲官。后历任工部、户部尚书，文渊阁大学士等职。他学识渊博，才干突出，不仅擅于诗书文章，而且是政界奇才，为清王朝初期的经济局面和政治秩序的建立和稳定发挥了重要作用。康熙二十三年，陈廷敬任吏部右侍郎“兼管户部钱法”，针对当时钱币私铸成风的弊病，他提出应该维护官方钱币重量的稳定，以杜绝钱币私铸中的暴利投机行为，达到维护社会经济稳步发展的目的。这项措施被康熙皇帝予以采纳实施。当他任左都御史时，针对官场上下存在的贪污受贿、腐化浪费的风气，提出廷臣应“严申定制，以挽颓风”，同时还要加强对各级官吏，尤其是对都督、巡抚等地方高级官员的考核。上疏皇帝曰：“方今要务，首在督抚得人。为督抚者，不以利欲动其心，然后能正身以董吏。吏不以曲事上官为心，然后能加意于民；民可徐得其养，养立而后教行。宜饬督抚凡保荐州县吏，必具列无加派火耗、无黩货词讼、无朘削富民。每月吉集众讲解圣谕，使知功令之重在此。而皇上考察督抚，则以洁己教吏，吏得一心养民教民为称职，庶几大法而小廉。”陈廷敬还参与编撰《三朝圣训》、《政治典训》、《方略》、《一统志》、《明史》等，并充总裁官。他一生著述很多，有《午亭文编》、《尊文阁集》、《河上集》、《杜律诗》、《老姥掌游记》、《三礼指要》、《说岩诗集》等。

3.书丹人："日讲官起居注翰林院侍读学士钱塘高士奇"。

高士奇（1645~1704年），字澹人，号瓶庐，又号江村，赐号竹窗，浙江钱塘人（一说为平湖人）。其参加乡试不第，因工于书法，后经纳兰明珠引荐"入内廷供奉，授詹事府录事"。从此开始了其仕途生涯，官至礼部侍郎。其除精于书画外，更善于收藏，与当时最负盛名的梁清标以及隐居海淀樱桃沟退谷的孙成泽等人的收藏成就相齐名。他的主要成就都集中在其著录《江村消夏录》和《江村书目录》中。《江村消夏录》共三卷，收录了其所见过的书画作品，每卷以时代为序，考证作品源流，记录作品档案，并加以评语，在体例上较为精密，为后来著录类书籍提供了范本。《江村书画录》是高士奇的手订本，记录更加详细和明确，并对《江村消夏录》中没有说明的作品进行了评鉴。比如宋米芾的《云山图卷》他题记"董题好，赝本"，又如元徐幼文的《石涧书隐图卷》，题记"画不真，跋真"等。在这两部著作中，他故意混淆视听，将真赝品都收入进去，并做出不同的标记。如他进呈给内府和馈赠亲友的"进"、"送"两类藏品，均注明其是赝品，"永存秘玩"的则是真品，属于特别的精品。因此，他进贡给皇帝的书画几乎全是赝品，并且这种行径当时也曾遭到了言官的弹劾。另一方面，高士奇的史学造诣也很深厚，曾著有《春秋地名考略》、《左传纪事本末》等著作，不过这些著作的真伪还有待考证。

四、纳兰性德家族墓

纳兰性德墓志的出土地点在今北京市海淀区上庄镇上庄村，同时出土的还有其原配夫人卢氏墓志。卢氏墓志呈长方形，长75厘米，宽95厘米。志文31行，满行25字，楷书。墓志边框浅浮雕装饰有群龙戏珠纹饰。（图三）现藏于北京市石刻艺术博物馆。上庄村以前称为皂荚屯，从纳兰性德祖父时起就开始在这里营建墓地。纳兰明珠权盛时期，开始在附近营建私家园林，当地人称"明府花园"。之后纳兰性德夫妇、纳兰明珠夫妇以及纳兰揆叙都归葬于此。民国时期，此地还保留有五座宝顶，后遭毁损。纳兰性德墓志并不是经过严格规范的考古发掘程序出土的，而是发现于基础建设工程中。一同出土的墓砖上有"玉河窑场"戳记，为墓地兴建时所用

图三（源自高景春主编：《新中国出土墓志·北京·壹》上册第342页）

的砖瓦原料找到了来源。据研究纳兰学的学者统计，纳兰家族墓地累计发现碑刻和墓志共9方，直至现在，上庄村一代还散落着不少石刻、墓砖等文物。如今，纳兰性德墓地已被建为公共汽车站。20世纪90年代，在上庄水库旁边建起了一座纳兰性德纪念馆，为相关文物的保护和纳兰学的研究提供了一个良好的平台。

1 陈桂英：《纳兰性德“梭龙之行”辨》，载《社会科学辑刊》1987年第5期。

2 马乃骝、寇宗基：《纳兰成德“觇梭龙”新探》，载《晋阳学刊》1985年第5期。

其他

门齿化石[1]

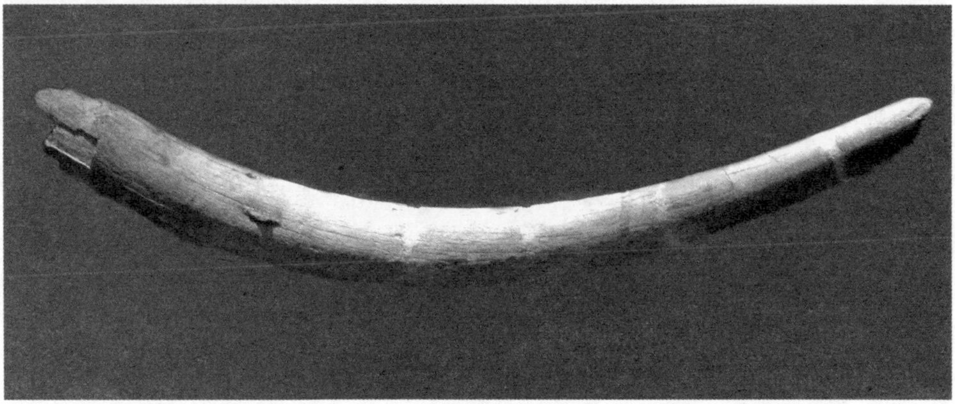

1999年4月23日，位于北京市海淀区四季青乡玉泉山南侧的玉泉砂石厂的工人在挖沙作业中发现了一具巨型古象牙化石，后经中国科学院古脊椎动物与古人类研究所专家鉴定，此象牙为中国特有的一种古菱齿象——淮河象的门齿。发现化石的地点在一处距地表约14.5米深的永定河古河道的沉积带上。由于发现时象牙含水量很大，加之沙层疏松，工人在将其取出时沙层发生塌方，导致象牙断为五段。经古脊椎动物与古人类研究所技术人员修复后，象牙总长度约为200厘米，根部直径19厘米，端部直径11厘米。端部有陈旧性折断痕迹，可以推测原有长度应该更长一些。现收藏于北京市海淀区博物馆。

古菱齿象的名称作为生物学中的属名于1929年由日本古生物学家松本彦七郎首先提出。古菱齿象被认为是非洲象的祖先，因其臼齿具有初步发育的菱形齿脊，所以称其为古菱齿象。古菱齿象有两根较平直的向前略微分开的巨大门齿，因而也常被称为“直齿象”。这种象生活于距今约250万至1万年的更新世时期，广泛分布于欧亚大陆。古菱齿象包括的种类很多，如欧洲的古象、南亚的纳玛象、日本的诺氏象等。因为在中国淮河流域的安徽省怀远县出土过一具几乎完整的古菱齿象骨架，因此中国的古菱齿象被命名为淮河象。

早在1928年，中国就有过发现古菱齿象的科学报道。据统计，在过去的80年里，有超过100件的古菱齿象化石在中国大陆地区被发现并报道，其中北京地区也是发现古菱齿象象牙化石比较集中的地区。早在1956年，位于海淀区安河桥以东的北京自来水厂挖掘水井时，在距地表10米的砾石层里就曾发现过古菱齿象化石，该化石为一具比较完整的带有最后一个臼齿的下颌骨。[2] 近年来，随着北京地区建筑工程的增多，古菱齿象化石也多有出土。根据媒体报道资料，进入21世纪以来，就有多件古菱齿象化石在北京地区被发现，如2004年11月底在大兴区旧宫地区的一处工地上发现的古菱齿象的腿骨化石。[3] 2004年11月6日，在首都机场三号航站楼施工中也曾出土过古菱齿象腿骨化石。[4] 2005年怀柔区的一位农民在距地表7米深处发现了一件古菱齿象象牙化石。[5] 2007年在地铁十号线知春里车站施工中也出土过一件古菱齿象门齿化石。[6]

除了古菱齿象化石，北京地区出土的其他大型哺乳动物化石也比较多。其中海淀区白石桥曾出土过原始牛化石，房山区周口店出土有豹、岩羊等头骨化石，门头沟牛眼洞也发现过大量豹、岩羊和纳呼尔绵羊的化石。数量众多的大型哺乳动物的化石被发现，为研究北京地区古代地理环境和气候变迁提供了丰富的参考资料。

古菱齿象是一种生活于间冰期较温暖环境的森林动物。早在20世纪五六十年代，有关专家就根据海淀区安河桥出土的古菱齿象化石推断出大约在三四千年前的夏商时代，华北地区的气候和现在华南地区一样温暖湿润，植被茂盛，非常适合于热带、亚热带动物的生存。近年来出土的这些古菱齿象化石，又为这种推断的科学性提供了更多的证据。根据媒体所报道的中国科学院古脊椎动物与古人类研究所有关专家的研究判断，古菱齿象化石在北京地区出土的事实，证明了气候的变迁规律应该是波浪形的，从冰期走向暖期，又从暖期走向冰期。当然，这样一个变迁周期要经历几千年的时间。也就是说，现代气候的形成，除厄尔尼诺、拉尼娜等后天因素的影响外，也有其自身的变迁规律在起作用。[7]

1 笔者注：《中华人民共和国文物保护法》第二条第三款规定“具有科学价值的古脊椎动物化石和古人类化石同文物一样受国家保护”，因该文所谈到的化石与研究北京地区环境和气候的变迁有密切联系，所以本书将其一并收入。

2 北京市文物研究所编：《北京考古四十年》，北京燕山出版社，1989年第1版第17页。

3 汪红：《自然博物馆新来20个“宝贝”》，载“北青网”之“北京青年报”。

4 殷丽娟、赵海川：《北京发现古菱齿象化石》，载“新华网”之“首都在线”。

5 张瑾、李凡：《北京怀柔挖出古菱齿象化石》，载“新浪网”之“科学探索”。

6 马佳：《北京闹市区挖出万年古象》，载“北青网”之“北京青年报”。

7 李罡：《古象牙化石出土说明什么》，载《北京青年报》1999年5月13日社会新闻版。

东汉

彩绘陶壶

图一

东汉彩绘陶壶20世纪80年代出土于北京市海淀区苏家坨，现藏于北京市海淀区博物馆。陶壶高29.5厘米，口径14.5厘米，足径8厘米。泥质灰陶，微外撇折沿式口，长颈，溜肩，鼓腹，腹部以下逐渐内敛，圈足。器物腹部以上拍打修胎较为平整细致，腹部自然形成三道弦纹，像是有意做出的装饰，腹部以下印有绳纹。器身用红、白两色彩绘，折沿处施一层白色，肩部及腰线以两道较宽白色弦纹为界将主体纹饰分为颈部装饰和腹部装饰两部分，纹饰有圆圈纹、三角纹及不规则曲线纹等多种。绘画用笔为先用白线在陶器表面直接勾勒轮廓，再用红色填彩，纹饰风格以突出线条为主，构成一幅连绵不断的神秘云气纹图案，表现出强烈的视觉冲击效果。（图一）

彩绘陶是一种在烧成的陶器上绘制彩绘图案，并不再入窑烧制而直接使用的陶器。从质地方面来说，彩绘陶主要见于泥质陶器，这应该与泥质陶比夹砂陶更容易作画的原因有关。

图二（源自冯先铭：《中国古陶瓷图典》第39页）

常见的彩绘颜色有红、白、黑、赭、黄等多种，绘制手法一般先以白、黑、红等陶衣打底，再在上面绘制其他颜色，底色与彩绘色搭配使用，既醒目又美观。由于彩绘所用颜料含有对人体有害的成分，同时又不再入窑二次烧结，色彩非常容易脱落，因此这种陶器不是日常起居所使用的器皿，一般仅作为明器在祭祀、随葬等情况下使用。

彩绘陶最早见于新石器时代晚期，长江流域及黄河流域均有发现。距今4500年至4000年前的山西省临汾市陶寺文化遗址中出土的数量很多的彩绘陶就是早期彩绘陶的代表。这些陶器多为容器，于器物烧成后在器身外壁施以彩绘，先以红色或黑色打底，再用红、黑、绿、白、黄等施绘，其中一件彩绘蟠龙纹陶盆堪称当时彩绘陶的精品之作。（图二）战国、秦、两汉时期是彩绘陶发展史上的鼎盛时期，在考古实践中，无论北方还是南方均有大量彩绘陶出土。这一时期彩绘陶除见于鼎、壶、豆等容器外，更多见于陪葬俑，其中最有名的莫过于陕西省临潼县秦始皇陵兵马俑。秦始皇陵兵马俑规模宏大，格局分明，彩绘丰富，将彩绘陶艺术推到了空前的发展高度。值得一提的是，“1998年在二号坑四单元的第二阶段考古清理工作中，在G18首次发现保存比较完好的彩绘陶俑，经过清理，共发现8件。直到2003年3月，8件彩绘俑才全部清理提取”[1]。这8件陶俑身上满施彩绘，为研究秦军服饰提供了重要资料，堪称是非常难得的精品。汉代是彩绘陶使用数量最多的时期，位于陕西省西安市的汉景帝阳陵出土的大量彩绘陶俑数量之大、种类之多、彩绘之丰富，代表了汉代彩绘陶制作的最高水平。此后随着釉陶器和瓷器的烧制成功，彩绘陶逐渐趋于衰落，至明代时基本已经难觅其踪迹。彩绘陶除了随葬陶俑通体大面积彩绘外，器皿上常见的纹饰则是以几何纹为主，包括圆点纹、条带纹、云纹、涡纹、三角纹等。此外，还有少量复杂纹饰，如动物纹、蟠龙纹等。纹饰与色彩交相辉映，构成一幅幅绚丽多彩的神秘而又奇妙的图画。

苏家坨出土的这件彩绘陶壶在绘画技法上已经省略了陶衣打底的程序，而是直接在平整的器壁上作画，画面图案飘逸潇洒，与北京地区出土的同时期漆器纹饰风格相一致。从这件普通的彩绘陶壶上，我们可以管窥到在佛教还没有传入今北京地区的两汉时期，类宗教的谶纬迷信思想对人们内心世界的影响力。

1　秦兵马俑博物馆：《二号坑发掘》，载“秦兵马俑博物馆网”之“秦代考古”。

三国

釉陶器

三国曹魏时期釉陶器1987年出土于北京市海淀区八里庄三国曹魏时期砖室墓，现藏于北京市海淀区博物馆。该墓共出土釉陶器32件（套），均为泥质红陶胎，胎质比较疏松，器表施酱黄色釉，釉面较薄，略有光泽。因烧制温度较低，导致胎釉结合不紧密，有些器物的局部釉面已经剥落。

埋藏这批釉陶器的墓葬为南北朝向，墓距地面约3米，砖砌双室墓，由墓道、墓门、甬道、前室和后室组成。（图一）墓道呈斜坡式，长3.5米，宽0.8米，接近墓门处变为平底，墓道宽度也渐宽至1.3米。墓门由封门砖砌筑。墓门与前室之间有甬道相连，甬道长1.35米，宽0.8米。前室为长方形，长2.5米，宽2米，残高约2.5米。前室与后室之间由长约0.6米的甬道相连。后室形状与前室相同，亦为长方形，只是面积略大于前室，长3.2米，宽2.5米。墓呈覆斗形墓顶，发现时顶部已经部分坍塌，墓室及甬道均用长砖铺就。墓早年被盗，尸骨散落于地，随葬品位移，葬式不清。墓主人不详。这批釉陶器均为专门用于陪葬的明器，是用来表现墓主人生前田园生活的道具，包括有农业生产模型、家居设施模型、日用品模型、人物俑等。器物出土时已经损毁严重，这里择其典型器物稍作介绍：

1.农业生产模型

（1）釉陶磨　直径7.2厘米，通高2.2厘米；由上下两扇磨盘组成，磨盘相交面有凹凸纹路，上下呈锯齿状对应。

（2）釉陶舂　高3.3厘米，长15厘米，宽4.7厘米；整器由杵和臼两部分组成，臼座呈长方形，座上有支架以支起杵杆，杵头和臼窝相合，完整地表现了实用器的原貌。（图二）

（3）釉陶仓　通高15.2厘米，顶宽11.8厘米；仓呈上小下大的喇叭形，平面略为椭圆，仓两侧开有长方形窗口，窗口下方线刻有梯子的图形；仓顶起脊，脊两端上翘。（图三）

（4）釉陶猪圈　高3.3厘米，直径12.2厘米；猪圈为圆形，直口，内塑一只正在游走觅食的猪和挡墙，形象生动。（图四）

（5）釉陶鸡　高6.8厘米，长6.2厘米。（图五）

2.家居设施模型

（1）釉陶井　口径9.2厘米，底径8.3厘米，高9厘米；井口沿平折，井身呈喇

图一

图二

图三

图四

图五

图六

叭状外撇，并沿一侧贴塑有类似辘轳的装置。（图六）

（2）釉陶厕　长径7厘米，短径5.2厘米，残高2.2厘米；厕所以围墙围成一个封闭区域，围墙已残损，中间挖空一个长方形表示厕位。

（3）釉陶灶　由灶台、釜、甑三部分组成，其中釜和灶台连为一体。灶台呈长方形，台面四边饰有两圈凸起棱线，火塘前有挡火墙，灶后有烟筒。釜卧于灶间，与灶连为一体。甑呈上大下小的漏斗形，口沿部起唇边，底部均匀分布有七个小孔。灶身长15.7厘米，宽12.1厘米，高8厘米；陶甑高4，口径11、4厘米。（图七）

3.日用品模型

（1）釉陶奁1　高9厘米，口径10.2厘米；直口，短颈，肩部以下渐往外撇，平底，有三枚乳钉足，器身内侧肩部以下有多道平行弦纹。（图八）

（2）釉陶奁2　高9.7厘米，口径14.4厘米；直口，筒形腹，平底，兽形足三枚，器身外侧饰三个兽面辅首，器身内外均以弦纹和水波纹间隔装饰，器物内底部以弦纹将纹饰分为内外两部分，均装饰以水波纹。（图九、十）

（3）釉陶盘　高2.5厘米，口径17.7厘米；敞口、器口残，盘内底以两个同心圆旋纹将盘底划为两部分，两圆之间装饰一周水波纹。（图十一）

（4）釉陶扁壶　高13.2厘米，长12厘米，宽7.5厘米；直口，短颈，颈部饰一道旋纹，肩部两端饰系带纽，直腹、平底，底部有两个长方形棱足。（图十二）

（5）釉陶勺　长15厘米。勺窝较深，勺把起棱，弯曲弧度较大，应是表示从釜中盛取食物所用的器物，而非用餐时所用的勺子。

（6）釉陶羽觞　高4.5厘米，宽10厘米，残长13厘米；形状犹如剖开的半个西瓜，器口呈椭圆形，两长边中间部位出沿，造型典雅流畅。

（7）釉陶槅盒　高6厘米，长27.5厘米，宽17.5厘米；器身呈长方形，分成大小不等的十个方形小格，底面附有四个曲尺形的矮足，两个足之间以弧线相连，从而形成垂帐的效果。（图十三）

（8）釉陶虎子　高10厘米，长13厘米；茧形器身，带状提梁，圆形器口外侧饰两道弦纹。（图十四）

4.人物俑

（1）舞俑　高24.5厘米，底径11.5厘米；身着长裙，发髻高耸，两手外张，

图七

图十

图八

图十一

图九

图十二

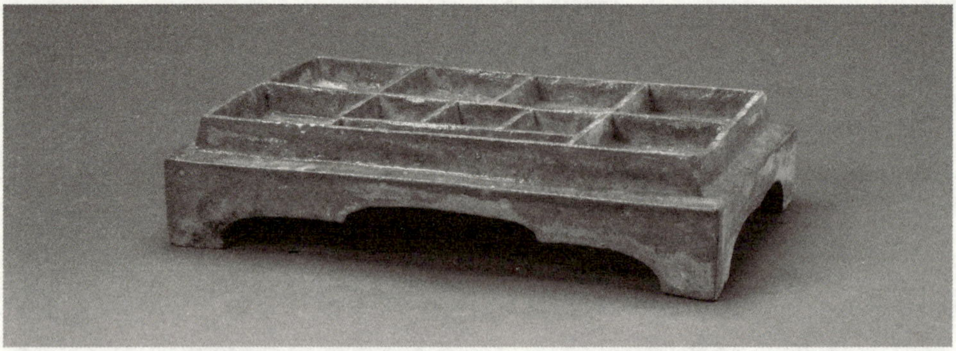

图十三

图十四

翩翩起舞。俑原来罩有一层薄釉，出土时釉已几乎全部剥落，露出红色疏松的陶胎。人物所着衣裙质感较差，没有明显衣褶，人物上下身比例为上小下大，呈现出鲜明的时代特征。（图十五）

（2）武士俑　高19.4厘米，底径5厘米；俑头戴兜鍪，身披甲胄，双目炯炯，挺胸抬头，显示出武士的勇猛和威严。

釉陶是一种施以低温铅釉的陶器，胎质原料比较广泛，吸水率较高，釉中多以铁、铜、钴的氧化物为着色剂，以氧化铅为助熔剂，烧成后呈现黄、绿、蓝等色，釉层透明有光泽。一般烧制温度在700～900摄氏度之间，化学稳定性较差，不适合做实用器皿，多用于明器。釉陶最早出现于西汉时期，如1981年出土于内蒙古包头市召湾西汉墓的一件黄釉带盖陶尊，尊体为上大下小的筒状，子母口，器底贴附三只熊足，盖呈博山式隆起，器表浮雕人物、山川及黄老神话题材，通体施一层低温黄釉，是西汉釉陶器中的精品。

根据与八里庄釉陶器同时出土的一件铜弩机所刻铭文“正始五年三月卅日……”判断，这组釉陶器的年代上限应为三国曹魏齐王芳在位时期，即公元240年至公元254年之间。与西汉釉陶器相比，这组釉陶器制作比较粗糙，远不及西汉器物精美。但是，由于具有三国时期明确纪年的资料发现比较少，因此，这组釉陶器在考古、历史及陶瓷史研究方面都有很高的价值。

这组釉陶器的成型工艺既有轮制，如甑、奁等，也有模制，如磨、陶仓顶等，而更多的则是直接用手工捏塑成型。在陶灶和陶厕的挖空部位有用利器划线挖空的痕迹，说明这类器物是先制作完初坯，再逐个挖空成型。这组器物在制作工艺上的特点还表现在制作陶仓、陶灶、猪圈等器物时，多是先把原陶泥制成厚薄不一的薄片，根据需要截取长度不同的片状半成品拼接制作成不同的器物，如釉陶扁壶肩部转折处就留有明显的胎接痕迹。器物造型的可爱之处还表现在像生釉陶器的制作方面，猪圈里的猪身肥貌憨、悠然觅食的样子着实可爱；鸡的造型比例协调，姿态优美，尽显出田园农庄的现实生活气息。器物大多为素面无装饰，只有少量器物采用刻画、堆贴技法装饰，整体装饰风格趋于简单和随意，却也形象地表现出不同器物的用途和特点。如陶仓的通风口下即用刻画方法画出梯子的样子，使质朴的农业生产气息油然而生。其他装饰纹样还有兽面辅首纹、水波纹等。施釉普遍很薄，釉色黄中稍显青，由于胎釉结合不紧密，致使多数器物都存在剥釉现象。

东汉后期，曹操依靠屯田制和士家制度积累了雄厚的经济条件和人员装备，并进而控制了北方大部分地区，成为三国中实力最为强盛的一国。曹操死后，其子曹丕逼迫汉献帝“禅让”称帝，定都于洛阳。随着社会政局的逐步稳定，朝廷的选贤标准在曹操时期“唯才是举”的基础上正式确立为“九品中正制”，即推举各郡有声望的世族官僚出任本郡的“中正”官，负责将本郡人士按门第、才能分别评定为九品，然后推荐给朝廷按品录用。然而，担任中正的世族官僚选人唯亲，导致了

“上品无寒门，下品无士族”的士族门阀政治局面。与此相适应，实力日渐强大的门阀士族不断大量兼并土地，自养荫客，同时朝廷还直接将大量屯田连带佃客一起赏赐给大士族官僚，从而使屯田制受到了土地私有化的巨大冲击。随着屯田制的瓦解，拥有大量土地庄园的门阀士族形成了一个个独立的农庄小“王国”，有着自己的土地、荫客、庄园等，在庄园里过着自给自足的清谈士大夫生活。到了齐王芳执政时期，这种情况尤其突出。京西八里庄出土的这组釉陶器中的粮仓、猪圈、鸡就是庄园内农业生产、生活的写照，而男俑则代表着荫客的形象。总之，这组釉陶器所反映出的充足的粮食储备、自给自足的自然经济模式、完善的庭院起居设施、丰富的日常生活用品、从事劳作和看家护院的荫客、侍奉主人的舞女一起真实再现了墓主人生前的生产生活场景，是当时门阀士大夫生活的历史再现。

图十五

1989年11月北京市怀柔县庙城镇桃山砖厂的东汉墓中曾出土过一批釉陶器，器物组合非常丰富，有奁、壶、盘、仓、灶、磨、舂、槅盒以及鸡、狗、马等。其中三兽足奁、灶、盘、舂、槅盒等大部分器物的造型、装饰及釉色与八里庄出土的釉陶器非常接近，应是由同一个地区生产的产品。在北京地区出土的这两组釉陶器，对研究当时北京地区农业生产方式、经济结构以及门阀士大夫阶层的社会生活提供了非常珍贵的实物资料。

唐

牡丹芦雁图壁画

唐开成三年（838年）牡丹芦雁图壁画1991年出土于北京市海淀区八里庄王公淑及其夫人合葬墓，现藏于北京市海淀区博物馆。壁画为略微带有弧度的长方形，长290厘米，宽156厘米，有宽约11厘米的朱红色边框，壁画左上方略有残损。画面采用通屏式对称布局，中央是一株硕大的牡丹，根茎健壮，枝叶繁茂，枝头盛开九朵牡丹花，花径大小不一，最小约12厘米，最大约42厘米；画面右侧是一株秋葵，左侧是一株百合，枝叶亭立；牡丹花左右下方各有一只芦雁，左边一只长颈直伸，侧身探首，似在觅食，右边一只侧身扭头平视前方，双目圆睁，充满好奇；牡丹花右上方有两只蝴蝶振翅飞舞，生趣盎然。（图一）

一、牡丹芦雁图的绘画艺术风格

花鸟画经历了南北朝时期的探索和发展，到唐代已经成为继人物画和山水画后又一独立画科。无论是花鸟画家的数量、身份，还是题材范围、绘画基本技法都表现出了很强的独立性。盛唐以前花鸟画的发展与皇室贵族的日常生活有着非常紧密的联系，画面题材大多源于宫苑、府邸中的场景。唐代的皇室贵族长期生活在宫苑中，百无聊赖之余以院中的花草、鸟雀、蜂蝶为乐，在长期的细致观察中，这些花

图一

鸟蜂蝶逐渐成为了画作的表现题材。比如唐高祖李渊的儿子滕王李元婴就是一位擅长画蜜蜂和蝴蝶的绘画高手，他画的蝴蝶花纹有“江夏斑、大海眼、小海眼、村里来、菜花子”之分，后来他的这种绘画风格被其孙李湛然所继承和发展，在唐代的皇室贵族阶层有着很大的影响力。[1]

唐代花鸟画的内容有牡丹、篁竹、秋葵和蝉雀、蜂蝶、鸡鸭等。绘画风格分为水墨花鸟和工笔重彩两类，其中又以工笔重彩为主流。武周时期的殷仲容即为水墨花鸟画的代表。殷仲容出生于书画世家，擅长书画，颇受武则天器重，曾任太仆秘书丞、工部郎中、申州刺史等职，主要生活在京师长安和东都洛阳地区。他在墨线白描的基础上，用不同层次的浓淡水墨对人物和花鸟加以晕染，以达到形神兼备的艺术效果。张彦远在《历代名画记》中对殷仲容的水墨画风格有着这样的评价：“工写貌及花鸟，妙得其真，或用墨色，如兼五彩。”殷仲容的这种水墨画风格也自然影响到了当时皇室、贵族墓室的壁画绘制。但截至目前，尚未见有独立画幅的水墨花鸟画，仅在作为人物画陪衬地位的花鸟形象中可见当时这种绘画风格的些许端倪，比如陕西长安县韦浩墓前甬道西壁上就采用这种风格绘制蜻蜓图案。[2] 与水墨花鸟画相比，工笔重彩花鸟画则占据了唐代花鸟画的主流。唐代工笔重彩花鸟画的代表人物首推边鸾，边鸾是长安人，主要生活于8世纪末至9世纪初，曾任朝廷右卫长史，早年为宫廷画师，后流落于泽、潞（今山西省东南部）等地。边鸾的花鸟画有两个基本特征：一是花卉的“折枝”式构图和正面鸟雀形象的表现手法；[3] 二是工笔重彩。[4]受其影响，其弟子也将这种画风推广到了南至蜀地、北至幽州、西至西域、东到沿海的广大地区。现藏于辽宁省博物馆、传为周昉所绘的《簪花仕女图》中，一名宫女手执的纨扇上就有折枝牡丹；陕西蒲城县三合乡李宪墓墓室东壁乐舞图中一名贵妇手持的团扇上也绘有折枝花卉。边鸾在花鸟画的设色方面用清淡有力的墨线勾勒出花鸟的轮廓和结构，然后施以丰富鲜艳的颜色，用层层晕染的色彩表现出“花心皆凸出”的艺术效果。朱景玄在《唐朝名画录》中将边鸾在花鸟画方面的成就概括为“折枝草木之妙，未之有也。或观其下笔轻利，用色艳明，穷羽毛之变态，奋花卉之芳妍”。王公淑墓出土的“牡丹芦雁图”壁画虽然比边鸾晚了几十年，并且绘制于干涩的墓壁上，但是仍然可以从中管窥到当时花鸟画所达到的艺术高度。

“牡丹芦雁图”壁画以牡丹为中心，秋葵、百合各居一隅，花草间左右对称各有一只芦雁，右上角有两只蝴蝶，左上角已残，不过按照对称关系原来也应有两只蝴蝶或蜜蜂等昆虫。芦雁的动态和飞舞的蝴蝶为略显平静的构图增添了恰到好处的点缀，顿使整个画面活泼起来。这种布局与陕西省西安市东郊唐安公主墓、河南省安阳市赵逸公墓出土的花鸟画相类似，属于中晚唐流行的花鸟画布局风格。画中的牡丹、秋葵和百合虽然为整株式，但从植物茎叶的相对关系上看，更像是将折枝花草直接栽植于地面，这也充分体现出其与边鸾“折枝”花草的传承关系。“牡丹芦雁图”壁画在绘画技法上将工笔重彩的特点充分表现了出来。画中植物用墨线勾勒轮廓，用绿色大笔填染叶子，填染笔法洒脱大气，虽然有些笔触溢出了轮廓，但却使叶子显得更加充满生机。牡丹花朵用红色晕染，花心从里到外逐渐由淡变浓，而花瓣根部染以墨色，使得整个花朵分为多个层次，尽显“凸出”的立体效果。整株牡丹将边鸾牡丹的“花色淡红，若浥露疏丹，光色艳发，披多而色洁，燥不失润泽，凝结之则，信设色有异也”特点淋漓尽致地表现了出来。（图二）芦雁用墨线勾勒，用笔准确简练，富有动感，“轻利”特点明显，胸颈部用赭色分层晕染，刻画出羽毛色彩的细部浓淡变化，翅膀和尾部大片羽毛则用石绿大笔点染，背部用赭色点染，不同颜色之间多有留白，充分表现出芦雁的动感姿态。（图三）蝴蝶在墨线勾勒的基础上，利用浓淡不同的晕染和留白，将蝴蝶飞舞的情趣恰当地加以表现。（图四）总之，整幅壁画充分体现了“下笔轻利，用色鲜明”的特点。从“牡丹芦雁图”壁画中，我们可以真切地感受到北宋画家米芾对“鸾画如生”的感叹。

二、牡丹芦雁图在墓室中的作用

王公淑墓坐北朝南，为单室砖室墓，由墓道、甬道和墓室组成。（图五）墓道为斜坡式，宽1.8米，残长0.5米，墓道北端有一个上宽下窄的梯形天井。天井北侧即为券形墓门，墓门两翼有隔墙，上有仿木斗拱砖雕。甬道呈过洞式，券顶，长2.65米，宽1.58米，高约2.2米，甬道东西两壁各有一马蹄形壁龛。墓室平面呈弧方形，南北进深4.72米，东西宽4.85米。墓室四壁由青砖两顺一丁砌成。西壁正中有仿木构砖雕门两扇，门呈虚掩状，东壁正中对称也有一仿木构砖雕门，与西壁不同的是，此门雕出了门锁，门呈锁闭状，两门都涂以朱红色。墓室北侧置一棺床，长

图二

图三

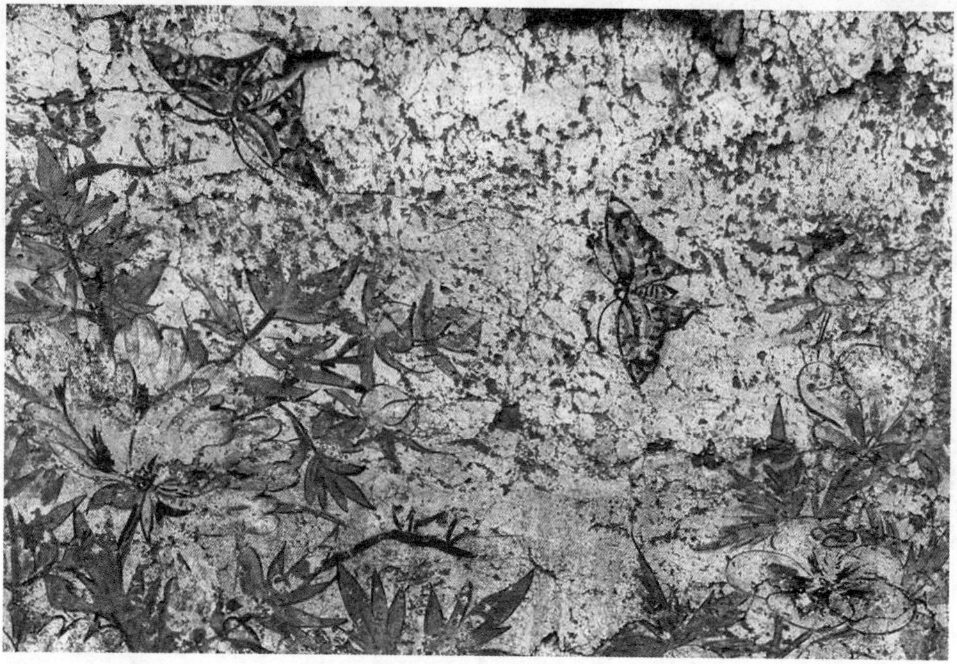

图四

图五

图 六

3.55米，宽2.25米，高0.79米，棺床四周砌砖，中间填土，东西两侧有帐形隔墙。棺床南侧呈束腰式，饰以缠枝大叶牡丹砖雕，这些砖雕由一块块小砖雕拼合而成，浑然一体，立体感很强。墓室四角置有砖砌的方柱和柱础。墓室壁面均涂有一层厚1～1.5厘米、质地细腻的白灰地仗。除紧邻棺床的北壁有保存较好的牡丹芦雁图壁画外，东、南、西三面和墓室顶部原来也均绘有壁画，可惜已经损毁，仅保留有零星残余。除北壁的牡丹芦雁图外，其他壁面的壁画均表现墓主人生前的家居生活。东壁残余壁画画面为一端坐人物的下半身，身着蓝色长裙，红绿花纹相间的宽袖，一只手置于膝上，旁边置一炉一盆，炉膛内还有两根火红的炭条。盆为圈足鼓腹，敞口平沿，右侧腹部有一衔环耳，盆内放一柄长勺。炉的左后方似为一几案的端头。（图六）西壁壁画几乎全部损毁，仅在左下角底部残存一排装饰花纹。南壁残余壁画被墓门隔为东西两部分，对称绘有相向而坐的两人，东侧人物仅存腿部，着长裤，外套长裙，脚蹬长靴（图七），西侧人物脚着麻鞋，脚后有一凤头扁壶状器物置于地面。墓室顶部壁画情况不详。[5]

王公淑墓的形制与关中地区和洛阳地区唐代墓葬的风格基本一致，均是模拟

图七

当时府邸或宫苑的格局而建。墓道与墓道壁面上的壁画共同组成了庭院所处的外部环境，天井代表着院落，墓门则为庭院大门，甬道作为缓冲区起着连接内宅与外部公共活动区的作用，墓室则为墓主人的居室。与关中地区大部分唐代墓葬不同的是，棺床位于墓室的北部，而不是通常所处的西部，同时墓门也开在墓室南壁的中央，这与关中地区通常开在墓室南壁东侧的格局也稍有不同。[6]尽管如此，依然可以看出幽州地区的墓室结构受到了来自京畿地区的强烈影响。在唐代墓葬中，除了用墓葬结构模拟庭院和宫苑外，还辅以壁画或砖雕来明确墓葬中各部分之间的不同用途和相互关系。与关中地区多以影作木构建筑壁画表现居室状况不同，王公淑墓则是用砖雕立体地对居室状况加以模拟，与壁画的平面效果相比，显然更直观，比如用砖雕塑造的斗拱、门扇、帐幔等场景对再现墓主人生前居室情况有着重要作用。墓室中描绘墓主人生前日常生活内容的壁画与墓室结构、砖雕相结合，共同组成了一幅唐代后期家居生活的生动场面。总体来看，墓室东、西、南壁残存的壁画反映的是墓主人的日常起居场景，而北壁的牡丹芦雁图则应该是当时非常流行的居室中卧榻后面的靠背屏风画。这种模拟府邸结构和墓主人生前起居生活的墓室搭配，不仅给我们再现了当时的生活场景，而且还诠释了中国古代儒家思想中的丧葬礼仪。正如孔子所说："敬其所尊，爱其所亲，事死如事生，事亡如事存，孝之至也。"

在古人看来，人死了是进入另一个世界继续生活，即所谓的人死成仙。而在王公淑墓葬中，这种思想表达得尤为明显。在古人眼中，仙界是永久存在的时空，这个时空以十二生肖表示时辰，以四神表示方位，其中以青龙代表东方、白虎代表西方、朱雀代表南方、玄武代表北方。20世纪80年代，在河南省濮阳市西水坡仰韶文化遗址45号墓中发现有用蚌壳摆放而成的龙虎图案和北斗七星图案，说明这种时空观念至少已经存在了几千年。在关中地区唐墓中，墓道入口处的东西墙壁上一般都绘有青龙、白虎的图像，唐代中后期，又出现在墓室南壁增绘朱雀的情况。而在墓室的处理上，顶部做成穹隆顶，并在顶部绘以天象图。王公淑墓墓道及墓顶在发掘时已经损毁，所绘壁画内容已不得而知。不过，在王公淑墓的甬道中出土了一合墓志，志盖四刹线刻有怀抱十二生肖人物图，显然是以此来表示墓主人死后在另一个世界生活的时辰。不仅如此，在引导墓主人灵魂飞升仙界的表现手法上，王公淑墓也体现了与其他唐代墓葬的不同之处。唐代典型的墓葬多是以壁画中的仙人、祥云、瑞兽等来带领墓主人的灵魂升入仙界，而王公淑墓则是通过对墓室东西两壁仿木门加以宗教色彩的主观想象来实现这一功能的。墓室东壁仿木构门呈上锁紧闭状态，而西壁仿木构门则虚掩出一道门缝，暗喻灵魂从此门飞升成仙，显然这是受到了佛教关于西方极乐世界思想的影响，而这种情况与唐代以来盛行的西方净土信仰也相吻合。（图八、九）王公淑墓在结构配置上将宇宙时空观与因果轮回相合一，反映出当时中国传统的道家术数文化已与佛教理论相互交融，并对幽州地区人们的精神生活产生了很强的影响力。

三、从牡丹芦雁图看唐代墓室屏风画的演变

纵观迄今发现的唐代壁画墓资料可知，在棺床一侧的墓室壁面绘制屏风画的做法早在初唐时就已经很普遍，这种屏风式壁画都是围绕棺床而绘制，是对现实居室中围榻屏的模拟。围榻屏是官宦居室中常见的装饰，我们从五代时期画家顾闳中的

图八

图九

《韩熙载夜宴图》所描述的南唐巨宦韩熙载宴饮场景中，可以大致得知这种围榻屏的形制和用途。

有唐一代，围绕棺床的屏风画在内容上大致经历了从高士图到仕女图，再到花鸟图三个阶段的发展变化。高士图表现的是放浪形骸、追求宴饮行乐的思想，首见于两晋、南北朝以来的文学和艺术作品，并且影响到了墓室壁画、佛像雕刻等艺术创作中。江苏省南京市西善桥南朝墓墓室模印砖雕壁画“竹林七贤与荣启期图”、山东省济南市东巴里洼北朝墓墓室北壁的高士图屏风壁画都是这类题材的代表。这种风格的影响一直延续到唐代初期，比如陕西省礼泉县昭陵陪葬墓中咸亨元年（670年）李勣墓的墓室西壁围绕棺床的壁面上就绘有联扇褒衣仕女图屏风壁画，这也是唐代屏风壁画中年代最早的实例之一。不过这时围绕棺床绘制的高士、仕女图从内容上来看并不是简单来源于现实居室中的围榻屏，而是与南北朝以来墓室壁画中的宴享图有着一定的传承关系。8世纪初，虽然高士图仍然可以在墓室中看到，但是仕女图的比例显著增加，并逐渐取代了高士图在墓室屏风画中的地位。陕西省长安县景龙二年（708年）韦浩墓即为这个时期的代表，墓室中的高士图绘于棺床所在的西壁，其他壁面皆绘以男女侍者和动物、花草。陕西省富平县定陵陪葬墓——景云元年（710年）的节愍太子墓后墓室以棺床为中心，绘制十二扇树下仕女屏风画，已经彻底取代了高士图屏风画。这时的树下仕女图是否直接复制于现实居室中的围榻屏还有待考证，但可以肯定的是，树下仕女图更多的是表现现实的庭院生活。8世纪后期，纯粹的花鸟题材屏风壁画已经占据了墓室屏风画的主流。前期的花鸟画屏风图案是典型的屏风式，在壁面上以红色线条加以分隔，在分隔出来的竖宽带内绘以花鸟，此类花鸟画以新疆吐鲁番阿斯塔纳217号墓发现的六扇屏风花鸟画为代表。后期则出现了没有红色竖线分隔的整幅花鸟屏风画，此类花鸟屏风画以陕西省西安市兴元元年（784年）唐安公主墓墓室西侧的整幅花鸟画为代表。这时的屏风画内容已经完全是取材于现实居室屏风画了。

从绘画艺术的发展和传承关系来看，王公淑墓“牡丹芦雁图”壁画显然是在唐安公主墓花鸟屏风画的基础上发展而来，而河北省曲阳县五代时期王处直墓牡丹花鸟屏风画则是受到了“牡丹芦雁图”的影响。“牡丹芦雁图”壁画的年代是唐文宗开成三年（838年），比唐安公主墓晚了54年，王处直墓壁画的年代是后唐同光元年（924年），比王公淑墓晚了86年。三幅壁画共同展现了晚唐以来一百多年间花鸟屏风画的发展变化历程。三幅壁画都采用了通屏式对称布局，占据了棺床后面的整个墙壁，画面带有红色边框，中间突出重点，两侧辅以折枝花草，蜂蝶禽鸟点缀其中，并且其绘画技法也都具有边鸾派风格，尤其唐安公主墓壁画的绘制年代正值边鸾在长安活动的时期。稍有不同的是，唐安公主墓壁画的画面中央为一只带有黑色镂空底座的水盆，四只禽鸟立于盆沿；（图十）"牡丹芦雁图"的画面中央则是整株牡丹拔地而起；王处直墓牡丹花鸟屏风画中央的牡丹根部增加了湖石装饰。（图十一）这种风格与内容之间的传承与变化，不仅反映了花鸟屏风画的传承关系，而且也说明当时以长安为中心的绘画艺术对幽州地区有着深刻的影

图十（源自李星明：《唐代墓室壁画研究》第384页）

图十一（源自李星明：《唐代墓室壁画研究》第390页）

响，并继而影响到了附近的广大地区，由此可见，幽州也成为继西蜀地区之后的又一个远离长安的绘画艺术传播中心。

四、壁画所体现的“牡丹”情结

王公淑墓“牡丹芦雁图”和王处直墓“牡丹花鸟图”都是以表现牡丹花为重点，在主题上与文献记载边鸾曾为长安宝应寺绘制的牡丹图相一致，这也体现了唐代长安等地贵族阶层的一种社会时尚，即“唐人重牡丹”的审美情结[7]，而这种时尚对幽州地区也有着不小影响。

唐代以前，牡丹主要生长于山西汾州等地，唐初从山西将牡丹引入长安种植，并逐渐形成游赏牡丹花的习俗。每到暮春牡丹花开的时节，朝野上下，文人墨客，争相游赏，赋诗作画，长安城内“花开花落二十日，一城之人皆若狂”，甚至“以不就玩为耻”。白居易《秦中吟·买花》描绘了当时长安城内车马喧闹，人人竞相购买牡丹花的景象，同时也感叹富人一掷千金购买牡丹花的奢侈与穷人艰苦度日之间的强烈反差。诗云：

帝城春欲暮，喧喧车马度。共道牡丹时，相随买花去。贵贱无常价，酬值看花数。灼灼百朵红，戋戋五束素。上张幄幕庇，旁织笆篱护。水洒复泥封，移来色如故。家家习为俗，人人迷不悟。有一田舍翁，偶来买花处。低头独长叹，此叹无人喻。一丛深花色，十户中人赋。

牡丹花受唐人所喜爱，是与牡丹所蕴涵的“富贵”寓意紧密相关的。在唐代，牡丹作为富贵的象征存在于社会各个阶层的群体意识中，这种意识直接影响到了文化、艺术、社会风俗等多个领域。在王公淑墓中，除了牡丹芦雁图之外，有牡丹图案的还有砖雕和石刻。在棺床正面的束腰部位有一道砖雕缠枝牡丹纹装饰带，叶大花茂，磅礴大气。在墓志盖的四角，有用线刻的折枝牡丹，一派端庄清素的风格。与长安城内争赏牡丹的时尚相比，王公淑墓中牡丹图案组合则更多地承载了“托物言志”的作用，用牡丹的文化内涵来达到祈福子孙后代富贵长久、家族兴旺的目的。

无独有偶，比王公淑墓早约半个世纪的唐安公主墓也在石棺床、石门墩、石门槛、石门颊和墓志盖等多处线刻有牡丹纹装饰图案。两者相较，不仅说明了唐人牡丹情结从现实向丧葬领域的影响和转化，而且展现了长安作为全国的政治中心与藩镇之间在文化交流上的紧密联系。

1 李星明：《唐代墓室壁画研究》，陕西人民美术出版社，2005年第1版第369页。

2 李星明：《唐代墓室壁画研究》，陕西人民美术出版社，2005年第1版第380页。

3 罗世平：《观王公淑墓壁画〈牡丹芦雁图〉小记》，载《文物》1996年第8期第81页。

4 李星明：《唐代墓室壁画研究》，陕西人民美术出版社，2005年第1版第382～384页。

5 北京市海淀区文物管理所：《北京市海淀区八里庄唐墓》，载《文物》1995年第11期第45～53页。

6 笔者注：参见李星明著《唐代墓室壁画研究》（上编，唐代壁画墓形制与壁画配置）。

7 罗世平：《观王公淑墓壁画〈牡丹芦雁图〉小记》，载《文物》1996年第8期第82页。

金

古瓦砚

金代古瓦砚1985年出土于北京市海淀区南辛庄金代2号墓，现藏于北京市海淀区博物馆。砚平面呈梯形，长10.6厘米，短边宽7厘米，长边宽7.8厘米，厚约2厘米。砚台系用灰陶陶片磨制而成，斜坡状墨池，墨池残存有墨迹，底部背面有小方格布纹。（图一）

根据考古资料显示，我国使用砚台的历史大约始于新石器时代的仰韶文化。经过几千年的实践和创新，唐代时四大名砚已经为世人所称道。两宋时期，受金石学尚古风气的影响，在文人墨客当中开始喜欢用秦汉时期的砖瓦残片磨制砚台。秦汉砖瓦多以澄泥而制，素有“秦砖汉瓦”之称，用其磨制的砚台比之一般砚台更有“发墨不损毫”的优点。

在使用旧砖瓦磨制的砚台中，以铜雀砚最为珍贵。铜雀砚是利用三国曹魏时期所建的邺城铜雀台旧砖瓦磨制而成的砚台，故名曰“铜雀砚”。曹操定都邺城时，在此修建了著名的“三台”——铜雀台、冰井台、金凤台。这些建筑所使用的砖瓦都是采用漳河中纯净细腻的澄泥制成，是磨制砚台很好的原料。但是经过几百年的战火，到宋代时已经很难得到真正适合磨制砚台的铜雀台砖瓦了。

北宋时期的文学家、史学家欧阳修在其著作《砚谱》中这样描述铜雀砚的稀有：“相州（今漳河两岸安阳、邯郸一带）古瓦诚佳，然少真者，盖真瓦朽腐不可用，世俗尚其名尔。今人乃以澄泥如古瓦状作瓦埋土中，久而斫以为砚。”如此珍贵的铜雀砚也自然受到了众多文人墨客的钟爱。

宋朝诗人形容铜雀砚的诗词作品比较多。与欧阳修齐名的宋朝大诗人梅尧臣在其诗作《铜雀砚》中，将铜雀砚排到端砚之上，可见他对铜雀砚的看重。诗云：

歌舞人已死，台殿栋已倾。
旧基生黑棘，古瓦埋深耕。
玉质先骨朽，松栋为埃轻。
筑紧风雨剥，埏和铅膏精。
不作鸳鸯飞，乃有科斗情。
磨失沙砾粗，扣知金石声。
初求畎亩下，遂厕几席清。
入用固为贵，论古莫与并。

端溪割紫云，空负世上名。

韩著毛颖传，何独称陶泓。

倘以较岁年，泓当视如兄。

高似孙的《铜雀砚歌》则是将铜雀台砖瓦的稀有与周簋商盘这些青铜礼乐重器相提并论：

曹公夜晏凌云台，一言契阔含余哀。

分香老伎各云雨，歌舞不尽埋蒿莱。

漠漠颓基邺山下，万里烟尘无一瓦。

井干樽酒自平生，乌鹊飞南播遗雅。

老宵垦雨开荒寒，一栎千金苔未干。

世人好奇不好近，直比周簋仍商盘。

老璞浑浑殊质鲁，得水犹能发妍妩。

更与人间作坏古，月明夜盗西陵土。

南宋末年失意文人赵文的《铜雀砚》更是充满了针砭古今、抒发胸臆的情怀：

老瞒智计笼天下，歌舞未终铜雀夜。

可怜用破一生心，不及当时台上瓦。

屑金作瓦费精神，哪知身后旋成尘。

流传千百仅一二，付与所不知何人。

快阁仙人谀墓得，品题更费东坡墨。

研磨辛苦政未休，怜尔何年返真宅。

摩挲岁月白发生，建安七子俱凋零。

安得春醪三万斛，醉来快写短歌行。

由于制作铜雀砚的古瓦一片难求，文人墨客便扩大了磨制古瓦砚的原料范围。宋书《瓮·闲评》记载：“世称铜雀砚，殆用铜雀台瓦为之也。余（指该书作者）观《武昌土俗编》载安乐宫在吴王城中，旧得此宫中古瓦，皆澄泥为之，可作砚，一瓦值钱一千文。是知古瓦精致如此，不独铜雀台可为砚也。”吴王城安乐宫是三国孙权的起居之所，与铜雀台属于同一时期建筑。可见旧砖瓦砚的原料选择范围并不仅仅局限于铜雀台砖瓦，就地域上来说已经跨过长江了。而在

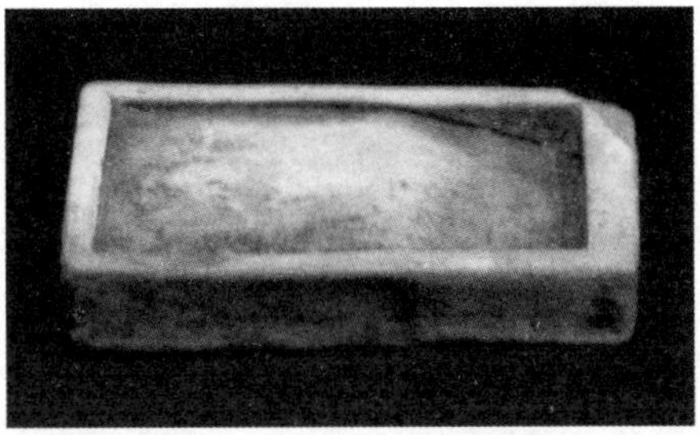

图一

图二（源自王清林等：《磁器口出土的金代石椁墓》，载《北京文博》2002年第4期彩二）

挑选磨制砚台砖瓦的时间跨度上，也不仅局限于三国时期了，两周、秦汉甚至两宋时期的旧砖瓦都被用来磨制陶砚，并且效果也很好。欧阳修对比铜雀砚和其他古砚时说："……然不必真古瓦，自是凡瓦皆发墨，优于石尔。今见官府典吏以破盆瓮片研墨，作文书尤快也。"可见用其他砖瓦磨制的砚台质量也是非常不错的。

海淀区出土的这件绳纹陶砚就是在前朝遗留的砖瓦上磨制而成的，在原料选择上已经突破了铜雀砚的选材范围，应是与当时的实际情况相吻合的。这件陶砚尚存有使用过的墨汁痕迹，并被用来随葬，可见墓主人对它的喜爱程度。该墓没有墓志出土，根据与其相邻的1号墓判断其主人是金代张氏家族成员。张氏家族中曾有人担任过辽金时期的武官，女真攻占燕京后降金，而墓主人对文房用具的情有独钟似乎与其家族特点和抑文尚武的金代社会背景不太相称。无独有偶，2000年11月在北京市丰台区磁器口路口西北侧金代修武校尉吕恭墓中也出土过一件古瓦砚，砚为簸箕形，长11厘米、宽6～6.6厘米、高1.8厘米。[1] 砚台质地和背面小方格布纹与海淀区出土的这件完全相同，并且在砚台背面刻有楷书"古瓦砚"三字。（图二）两处墓葬形式相同，均为石椁墓。吕氏墓年代大约为金大定元年至大定七年之间，与南辛庄墓时间大体相当。由此推测，在金中都的汉人官吏中，可能流行着使用古瓦砚的时尚。这种社会风气的流行，显然与唐宋以来对铜雀砚的倍加推崇有着密切关系。

总之，北京地区出土的古瓦砚对研究中国古代铜雀砚和由此衍生的古瓦砚的发展史，以及南方农耕文化与北方游牧文化之间的交流与融合都有着独具特色的参考价值。

1　王清林、王策、朱志刚、周宇：《磁器口出土的金代石椁墓》，载《北京文博》2002年第4期彩二。

参考文献

主要参考书籍

1.冯先铭主编：《中国古陶瓷图典》，文物出版社，1998年第1版。

2.陈万里：《陈万里陶瓷考古文集》，紫禁城出版社，1997年第2版。

3.方李莉：《景德镇民窑》，人民美术出版社，2002年第1版。

4.杨俊艳：《青花青》，江苏人民出版社，2007年第1版。

5.首都博物馆编：《首都博物馆二十周年纪念馆藏精品撷英》，北京燕山出版社，2001年第1版。

6.杨伯达：《杨伯达论玉——八秩文选》，紫禁城出版社，2006年第1版。

7.张明华：《中国古玉发现与研究100年》，上海书店出版社，2004年第1版。

8.许嘉璐：《中国古代衣食住行》，北京出版社，2002年第1版。

9.中国文物研究所、北京石刻艺术博物馆编：《新中国出土墓志·北京·壹》，文物出版社，2003年第1版。

10.杨伯达主编：《中国美术全集·工艺美术编·玉器》，文物出版社，1997年第1版。

11.刘道荣、崔文智、刘景瑜：《金器鉴赏与工艺》，百花文艺出版社，2005年第1版。

12.张静、齐东方：《古代金银器》，文物出版社，2008年第1版。

13.陆锡兴主编：《中国古代器物大辞典·兵器·刑具》，河北教育出版社，2004年第1版。

14.杜廼松：《古代青铜器》，文物出版社，2005年第1版。

15.《中国青铜器全集·铜镜》，文物出版社，1998年第1版。

16.赵其昌：《京华集》，文物出版社，2008年第1版。

17.张传玺等著：《中国古代史教学参考地图集》，北京大学出版社，1984年第2版。

18.赵德义、汪兴明主编：《中国历代官称辞典》，团结出版社，1999年第1版。

19.余华青：《中国宦官制度史》，上海人民出版社，1995年第1版。

20.李星明：《唐代墓室壁画研究》，陕西人民美术出版社，2005年第1版。

21.北京市文物研究所编：《北京考古四十年》，北京燕山出版社，1989年第1版。

22.白化文：《汉化佛教与佛寺》，北京出版社，2003年第1版。

23.张宝章主编：《北京市海淀区志》，北京出版社，2004年第1版。

24.陈复华主编：《古代汉语词典》（大字本），商务印书馆，2003年第1版。

25.夏征农主编：《辞海》，上海辞书出版社，2003年第1版。

26.谢辰生、吕济民主编：《中国大百科全书·文物博物馆卷》，中国大百科全书出版社，1993年第1版。

27.夏鼐主编：《中国大百科全书·考古学卷》，中国大百科全书出版社，1986年第1版。

28.张之恒主编：《中国考古学通论》，南京大学出版社，1991年第1版。

29.北京市文物研究所编：《北京龙泉务窑发掘报告》，文物出版社，2002年第1版。

30.杨仁恺主编：《中国书画》，上海古籍出版社，1990年第1版。

31.北京大学历史系考古教研室商周组编：《商周考古》，文物出版社，1979年第1版。

32.王华庆主编：《青州博物馆》，文物出版社，2003年第1版。

33.《河南出土商周青铜器》，文物出版社，1981年第1版。

34.《梁思成文集》（三），中国建筑工业出版社，1985年版。

35.高英民：《中国古代钱币》，学苑出版社，2007年第1版。

36.首都博物馆资料室编：《北京古代史论著资料索引（1949～1985）》，国际文化出版公司，1990年第1版。

37.叶孝信主编：《中国法制史》，北京大学出版社，2002年第1版。

38.翦伯赞主编：《中国史纲要》，人民出版社，1986年第1版。

39.徐征：《海淀风物丛考》，北京出版社，1998年第1版。

40.冯其利：《清代王爷坟》，紫禁城出版社，1996年第1版。

41.苏天钧主编：《京华旧事存真》（一、二），北京古籍出版社，1992年第1版。

42.罗宗真：《魏晋南北朝考古》，文物出版社，2001年第1版。

43.杨伯达主编：《中国玉文化玉学论丛》（三编），紫禁城出版社，2005年第1版。

44.杨伯达主编：《出土玉器鉴定与研究》，紫禁城出版社，2001年第1版。

45.方东、胡湘燕编著：《中国古金银器收藏鉴赏百问百答》，中国轻工业出版社，2008年第1版。

46.唐石父主编：《中国古钱币》，上海古籍出版社，2001年第1版。

47.北京大学历史系编：《北京史》，北京出版社，1999年第1版。

48.【清】于敏中等编纂：《日下旧闻考》，北京古籍出版社，1983年第1版。

49.【清】周家楣、缪荃孙等编纂：《光绪顺天府志》，北京古籍出版社，1987年第1版。

50. 【元】熊梦祥：《析津志辑佚》，北京古籍出版社，1983年第1版。

主要参考文章

1.秦大树、王晓军：《记一组早期钧窑瓷器及相关问题探讨》，载《文物》2002年第11期。

2.北京市海淀区文化文物局：《北京市海淀区南辛庄金墓清理简报》，载《文物》1988年第7期。

3.沈珠：《中国古代玉带具沿革及时代特色》，载《北京文博》2007年第3期。

4.卢兆荫：《玉德、玉符、汉玉风格》，载《文物》1996年第4期。

5.虞海燕：《论考古出土的明代玉带之形制工艺》，载《北京文博》2008年第2期。

6.安志敏：《北京西郊董四墓村明墓发掘记》，载《文物参考资料》1952年第2期（总第26期）。

7.高桂云：《首都博物馆藏天启通宝背“金·五钱”金钱》，载《中国钱币》1995年第3期。

8.张先得、刘精义、呼玉恒：《北京市郊明武清侯李伟夫妇墓清理简报》，载《文物》，1979年第4期。

9.杨伯达：《中国古代金银器玻璃器珐琅器概述》，载《中国美术全集·工艺美术编·金银器·序》。

10.安剑华：《从铭文看三国时期弩机的制造和管理》，载《成都大学学报》2008年第6期。

11.陈梦家：《宋大晟编钟考述》，载《文物》1964年第2期。

12.北京市海淀区文化文物局：《北京市海淀区南辛庄金墓清理简报》，载《文物》1988年第7期。

13.陈浩：《唐代鹦鹉衔绶“同模镜”刍议》，载《东方博物》2004年第1期。

14.齐心：《辽丁氏两方墓志考》，载《考古》1988年第7期。

15.刘浦江：《辽朝国号考释》，载《历史研究》2001年第6期。

16.北京市海淀区文物管理所：《北京市海淀区八里庄唐墓》，载《文物》1995年第11

期。

17.王清林、王策等著：《磁器口出土的金代石椁墓》，载《北京文博》2002年第4期。

18.罗世平：《观王公淑墓壁画〈牡丹芦雁图〉小记》，载《文物》1996年第8期。

19.北京市文物工作队：《北京市顺义县大营村西晋墓葬发掘简报》，载《文物》1983年第10期。

20.北京市文物管理处：《北京顺义临河村东汉墓发掘简报》，载《文物》1977年第6期。

21.龙宵飞：《简析元大都遗址出土的元代瓷器》，载《北京文博》2004年第6期。

22.扬之水：《明代金银首饰中的蝶恋花》，载《收藏家》2008年第6期。

23.苏天钧：《北京西郊小西天清代墓葬发掘简报》，载《文物》1963年第1期。

24.郭福祥：《乾隆与玉扳指的渊源》，载《收藏·拍卖》2007年第7期。

25.周长源：《介绍阮元侧室唐氏玉柩记》，载《文物》1996年第2期。

26.殷志强：《俏色玉艺术略论》，载《中国文物世界》1988年第9期。

27.曾育：《鱼龙变》，载《故宫文物月刊》1984年第2卷3期。

28.岑蕊：《摩羯纹考略》，载《文物》1983年第10期。

29.辽宁省博物馆：《辽宁北票水泉一号辽墓发掘简报》，载《文物》1977年第12期。

30.高桂云：《万历银钱刍议》，载《中国钱币》1991年第4期。

31.陈文华：《江西新建明朱权墓发掘》，载《考古》1962年第4期。

32.北京文物管理处：《近年来北京发现的几座辽墓》，载《考古》1972年第3期。

33.齐心：《北京出土辽张嗣甫墓志考》，载《考古》1983年第11期。

34.黄秀纯：《辽代张俭墓志考》，载《考古》1980年第5期。

35.苏天钧：《北京西郊百万庄辽墓发掘简报》，载《考古》1963年第3期。

36.刘淼：《金代定窑瓷器的初步研究》，载《文物春秋》2006年第2期。

主要参考网站

1.http://www.zjww.gov.cn（浙江省文物局网）

2.http://www.dpm.org.cn（故宫博物院网）

3.http://www.gg-art.com（中华博物网）

4.http://www.bjww.gov.cn（北京文博网）

5.http://www.gdmuseum.com（广东省博物馆网）

6.http://www.hnmuseum.com（湖南省博物馆网）

7.http://www.gdww.gov.cn（广东文物网）

8.http://www.sc001.com.cn（中华收藏网）

9.http://www.bmy.com.cn（秦兵马俑博物馆网）

10.http://www.xinhuanet.com（新华网）

11.http://www.ynet.com（北青网）

12.http://www.sina.com.cn（新浪网）

13.http://www.baidu.com（百度网）

14.http://www.haww.gov.cn（河南文物网）

15.http://www.sdwenbo.com（山东文博网）

16.http://www.sxcr.gov.cn（山西文物网）

17.http://www.he.xinhuanet.com（河北文物局网）

18.http://www.wenwu.gov.cn（陕西省文物局汉唐网）

19.http://www.njmuseum.com（南京博物院网）

20.http://www.shanghaimuseum.net（上海博物馆网）

后 记

窗外骤雨初歇，院子里不时传来几声蛐蛐儿的低鸣。不远处，从307路末班车上下来的几个匆匆身影，瞬间融入了盛夏子夜的雾幕里。伴随着轻盈的电脑关机声响起，我像往常一样缓步来到阳台，整理一下思绪。所不同的是，今天的心情是异常欢愉的。经过了多少个日日夜夜的煎熬，《丹稜撷贝——京西出土文物品鉴》终于完稿了。我终于可以梳理一下几年来学习和写作的过程了。

三年前，将我带进文博象牙塔的王宁老师曾叮嘱我把几十年来海淀区出土的文物进行一下较为系统的整理和研究，并希望能将研究成果结集出版，以便这些珍贵的历史文化遗产能为更多的人所认识和了解。此后不久，原海淀区文物管理所所长王晓军老师建议我从普通读者的视角出发，围绕具体文物的鉴赏展开相关研究工作。两位老师对我的谆谆教诲和充分信任不仅让我鼓起了此次尝试的勇气，而且为接下来的学习和探索指明了方向。

写作初期，面对案头摆放的各种资料，受长期以来写作习惯的影响，写出的文字每每倾向于业务性文章，与原先既定的思路和风格总是格格不入，即使长期浸淫于国家图书馆新馆幽静的阅览室里，也仍然难觅破解之道。正当我一筹莫展之际，中央党校的徐平教授给了我一把开启灵感之窗的钥匙。在一次与徐教授谈及海淀区文化文物研究的有关问题时，他从一名社会学家特有的角度敏锐地观察到区域历史文化与社会发展之间的密切联系，并将他收藏的一本章玉安先生所著的《绍兴文化杂识》借给我作参考。徐教授的指导和启发使我茅塞顿开，继而让我的写作思路从持续的矛盾状态中彻底解放出来，为接下来的材料分析、研究重点以及行文风格提供了思维标尺。

过去两年多的时间里，我经常是下班后直奔图书馆查找、复印资料，利用乘坐公交、地铁的空闲时间梳理思路，而整理、分析资料以及写作等事情则主要集中在晚上和节假日。在此期间，我的妻子王静给予我充分的理解和支持，如果没有她将我保护在繁杂的家务之外，没有她在浩如烟海的图书馆里帮我耐心查找资料，没有她及时地帮我指出文章中的错误，没有她作为第一读者对杂乱的文字进行悉心品评，这本小册子是不可能这么快结稿的。

需要特别感谢的是，北京大学城市与环境学院的岳升阳教授在百忙之中抽出时间对拙作提出了许多修改建议，并欣然赐序，他这种严谨治学的态度和提携后辈的精神使我深受感动！

海淀区多年来积累的出土文物是本书写作的基础，书中所配插图除标明出处的外，其余均来源于海淀区博物馆的业务资料。这些图片的使用得到了李昂馆长的支持。在此，向曾经为发掘、清理、保护这些文物而默默奉献的前辈和同仁致以崇高的敬意！向李昂馆长表达诚挚的谢意！

此外，中国藏学研究中心的王小彬博士在我遇到困难的时候给了我许多鼓励和帮助；昔日的燕园同窗孟金霞、李学军、王彤、杨俊艳以及我的好友胡延锋也在不同阶段提出了许多有益的建议；学苑出版社的潘占伟编辑为本书的出版付出了很多辛劳。谨向以上所有帮助完成本书的人表示由衷的感谢！

焦晋林

2009年8月于京郊回龙观云趣园